The Triple Package

How Three Unlikely Traits Explain the Rise and Fall of Cultural Groups in America

向上流动

接近成功的三要素

［美］蔡美儿（Amy Chua）
［美］杰德·鲁本菲尔德（Jed Rubenfeld）著
李小霞 译

中信出版集团｜北京

图书在版编目（CIP）数据

向上流动：接近成功的三要素 /（美）蔡美儿，（美）杰德·鲁本菲尔德著；李小霞译 . -- 北京：中信出版社，2020.11

书名原文：THE TRIPLE PACKAGE

ISBN 978-7-5217-1705-1

Ⅰ. ①向… Ⅱ. ①蔡… ②杰… ③李… Ⅲ. ①社会学—研究 Ⅳ. ① C91

中国版本图书馆 CIP 数据核字（2020）第 048269 号

向上流动：接近成功的三要素

著　　者：[美] 蔡美儿　[美] 杰德·鲁本菲尔德
译　　者：李小霞
出版发行：中信出版集团股份有限公司
（北京市朝阳区惠新东街甲 4 号富盛大厦 2 座　邮编　100029）
承 印 者：北京诚信伟业印刷有限公司

开　　本：880mm × 1230mm　1/32　　印　　张：9　　字　　数：190 千字
版　　次：2020 年 11 月第 1 版　　印　　次：2020 年 11 月第 1 次印刷
京权图字：01-2019-7322
书　　号：ISBN 978-7-5217-1705-1
定　　价：48.00 元

此书献给索索和璐璐

目录

导言

本书将提供一个看待成功的新视角，包括成功背后的刺激、内在的动力，以及成功的代价。这些代价可能很高，甚至无法承受。但是，当你正确地理解和运用书中描述的这三种文化特质时，你就会获得力量，而不再受任何特定的成功定义的约束。

出身同样贫寒，面对相同障碍，能力差别不大，为什么有些人能成就非凡，而更多人却一生碌碌无为？这是长久以来困扰人类的一大谜题。

本书探讨的正是这个古老的谜题。我们之所以写这本书，是希望读者能更好地理解我们生活的这个世界：在这个世界里，有些人、有些群体在财富、地位和其他衡量成功的传统标准方面做得比其他人好得多。

本书有个自相矛盾的前提：成功人士一方面总觉得自己不够成功，另一方面又充满优越感。有些群体希望群体内的成员比外部成员更有这种意识，而这样的群体往往会取得更多的成就。这两种看似不可能混在一起的感觉来自一种强大的文化传统，它能产生某种动力，促使人们渴望证明自己，愿意为了将来的成就有意识地牺牲眼前的享受。在美国，向自己的成员灌输这种价值观的群体会体现出独特的优势，因为当代美国文化弘扬的是与这种价值观完全相反的理念——一种接受自我和活在当下的文化。

本书融合了两种大相径庭的工作经验和专业知识。其中一位作者近 20 年来一直在撰写有关世界各地成功的少数民族的故事，关注的群体从东南亚到非洲，再到俄罗斯。而另一位作者则撰写了大量的文章，描述活在当下的愿望如何日益主导现代西方文化，尤其是美国文化；这种文化削弱了一个国家走向未来的能力。但美国并不总是如此，事实上，正如我们在本书中要讨论的那样，美国生来就是一个具有“三要素”文化的国家。

在美国，有些群体在收入、职场地位、考试成绩等方面做得比其他群体好得多。但这一点很难讨论，因为这个话题在很大程度上带有种族歧视的味道。具有讽刺意味的是，一系列的事实拆穿了我们对种族的刻板印象。在美国，有些黑人和西语裔[1]群体的表现远远超过白人和亚裔群体。不光如此，群体的成功走势还有一条明显的曲线：移民群体的成功通常到第三代就消失了。这完全颠覆了天生的群体差异这一看法，也从整体上削弱了“模范少数族裔”这个概念。

1 这个词也可以翻译成“西班牙裔”“拉丁裔”“拉美裔”。但在后文中，作者特别提到了这个词和“拉丁裔”以及西班牙人的区别，所以我在本书中翻译成“西语裔”，通指来自说西班牙语的国家的美国移民。——译者注本书提供了一个看待成功的新视角，它包括成功背后的刺激、内在的动力，以及成功的代价。这些代价可能很高，甚至无法承受。但是，当你正确地理解和运用书中描述的这三种文化特质时，你就会获得力量，而不再受任何特定的成功定义的约束。正如我们将在本书中呈现的那样，无论你对成就的衡量标准是自身的收获，还是对他人的服务，“三要素”文化都可以成为通向成功的阶梯。

总体而言，任何人都可以掌握“三要素”这种文化。它是一整套价值观和信仰体系，是习惯和实践。不论是哪种背景的人，都可以将其运用于自己的生活或子女的生活中，从而得心应手地去追求心目中的成功。

第一章
三要素

现代经济并不奖励善良、虔诚以及自我觉醒。从通俗意义上来说，成功就是“获得金钱和地位”。那么，为什么有些群体获得了这种“通俗意义上的成功”，而另一些却没有？

我们发现，当一个群体同时具有三种特质，会推动这个群体获得不成比例的成功。

由于实在想不出更平易近人的名字，我们把这三种特质统称为“三要素”。

今天，一个看起来与美国精神相悖的现实是，某些群体的表现比其他群体优秀得多。有些最成功的群体，你听到后可能不会感到惊讶，但另一些则会让你瞠目结舌。

你知道下面这些企业的现任或近几任首席执行官、首席财务官都有什么共同之处吗？[1]——美国运通（American Express）、百得（Black & Decker）、花旗集团（Citigroup）、戴尔（Dell）、费雪玩具公司（Fisher-Price）、德勤会计师事务所（Deloitte）、捷蓝航空（JetBlue）、万豪国际（Marriott International）、西尔斯·罗巴克公司（Sears Roebuck）[2]、亨茨曼集团（Huntsman）、潮流耳机品牌斯酷凯蒂（Skullcandy）[3]、

1 本书所有数据、职位等信息均为原书出版前所统计。——编者注

2 在检查索引的时候，发现这里的“Sears, Roebuck”说的是一家公司，即西尔斯·罗巴克公司，故修改。——译者注

3 Skullcandy 目前没有中国官方译名，该公司在中国的注册名为“斯酷凯蒂”，发烧友称该品牌为“骷髅头”。此处借用公司中文注册名。——译者注

山姆会员商店(Sam's Club)和麦迪逊广场花园体育娱乐公司(Madison Square Garden)。答案就是：他们都是耶稣基督后期圣徒教会（The Church of Jesus Christ of Latter-day Saints）的成员，就是说，他们都是摩尔门教徒（Mormon[1]）。回到 1980 年，摩尔门教徒在华尔街还难觅踪迹，但如今，摩尔门教徒已经成了众多美国公司的董事会、投资公司和商学院的领军人物。

摩尔门教徒并不是唯一凭空冒出来的群体。近年来，美国社会向上的流动性已停滞的报道广为流传。如今我们都知道，如果你是 20 世纪 60 年代后出生的美国人，那么你的成就很大程度上取决于父辈的积累。这话总的来说恐怕没错，然而，白手起家的美国梦对于某些群体，特别是对移民而言，依旧非常鲜活诱人[2]。

1959 年以后，成千上万的古巴人逃到了迈阿密[3]，其中大多数人一贫如洗。起初，他们四处遭冷眼，出租屋上挂着“古巴人与狗不得入内”的招牌，敌意比比皆是。他们挤在小公寓里，充当洗碗工、看门人和番茄采摘工。然而正是这些古巴流亡者和他们的子女，把沉睡的迈阿密打造成了美国最具活力的商业中心之一。到 1990 年，出生在美国的古巴裔美国家庭年收入超过了 5 万美元，这可是英美

---

1 旧译摩门教徒。——译者注

2 尽管媒体报道中少有提及，但研究表明，美国社会向上的流动性消亡这件事在很大程度上并不涉及移民及他们的子女。关于美国向上的流动性消亡这一观点的主要证据均来自皮尤基金会（Pew Foundation）的研究结果。事实上，该研究也明确说明这一发现并不适用于“移民家庭”。对移民而言，“美国梦依然存在，依旧美好”。

3 1953 年—1959 年，古巴爆发了反对亲美独裁统治的民族民主革命战争，大量流亡者逃亡美国佛罗里达州。——译者注

裔家庭的两倍。虽然古巴裔美国人在美国的西语裔人口中占比不到4%，但到2002年，在排名前10位的富裕西语裔美国人中，古巴裔就占了一半。如今，年收入超过20万美元的家庭中，古巴裔美国人大约是其他西语裔美国人的2.5倍。

2004年，哈佛大学的两位教授指出，哈佛大学的黑人学生大多数都是移民或移民家庭的子女，这个比例可能占到黑人学生总数的三分之二以上。这一数字与世代居住在美国的黑人家庭形成了鲜明对比。这一结果一经公布，就掀起了轩然大波。许多来自西印度群岛和非洲国家的移民——例如牙买加、海地、加纳、埃塞俄比亚和利比里亚——正在不断攀登美国高等教育的阶梯，这其中最为突出的是尼日利亚裔学生。尼日利亚裔美国人仅占美国黑人总数的0.7%，他们中的大多数人都成长于生活艰辛、刻苦工作的移民家庭。而在美国最顶尖的大学和职业学校中，尼日利亚裔学生的比例至少是其他黑人学生占比的10倍。不难预料，这种学术上的成功已经转化为经济上的成功。在华尔街投资银行和顶尖律师事务所里，尼日利亚裔美国人的比例已经明显超出了与他们对应的人口占比。

当然，评价一个人在美国是否“成功”，要取决于你对成功的定义。对有些人来说，最成功的生活也许是做最多善事。但对另一些人来说，那可能只是对上帝忠诚的一生。对苏格拉底来说，财富和荣誉只不过是成功的假象，经过审视的人生才值得度过。这些理由若是一一列举，恐怕能填满一整座图书馆藏书的每一页；又或者可以简单归结为一句供求规律：现代经济并不奖励善良、虔诚以及自我觉醒。老奥利弗·温德尔·霍姆斯（Oliver Wendell Holmes Sr.）说过，“通俗地说”，成功就是“获得金钱和地位”（然后他给出了如何获得这些的建议）。稍后，我们会谈到这种成功的代价和它的局限性，但即便如此，这个顽固的问题依然存在：为什么有些群体获得了这种“通俗意义上的成功”，而另一些却没有？还有，为什么有些群体的表现会优于其他群体？

在所有跟踪调查的种族群体中，印度裔美国人的收入最高，几乎是全美平均水平的两倍。紧随其后的是华裔、伊朗裔和黎巴嫩裔美国人。如今，亚裔学生在常春藤盟校的比例过高，被称为“新犹太人”。很多人认为，隐形种族配额就是针对他们的。需要强调的是，即使是经济贫困、教育程度低的东亚移民，比如中国的裁缝、韩国的杂货店主、越南难民，他们的子女也比其他少数族裔以及美国白人的孩子表现好。

与此同时，真正的犹太人继续以与他们的人口占比完全不相称的速度不断获得诺贝尔奖、普利策奖、托尼奖，并掌控着数十亿美元的对冲基金。在一项针对年轻人到中年人的全国性调查中，2004 年，美国家庭净资产的中位数是 9.95 万美元；而在犹太裔受访者中，这个数字是 44.3 万美元。2009 年，尽管犹太人只占所有成年人口的 1.7%，但在福布斯美国富豪榜的前 50 名中，有 20 名是犹太人；在前 400 名中，犹太人占了三分之一以上。

某个群体的财富也可能急剧下降。20 世纪初，德国著名社会学家、哲学家马克斯·韦伯（Max Weber）在撰写他的经典著作《新教伦理与资本主义精神》(*The Protestant Ethic and the Spirit of Capitalism*)时，新教徒仍然主导着美国的经济。如今，美国新教徒的财富却低于平均水平，如果是在福音派或者新教宗教激进主义的家庭中长大，则相当于走上了经济的下坡路。

本书讨论的是群体的兴衰。它的观点是：当一个群体的文化中同时存在三种不同的力量时，它们会推动这个群体获得超出人口占比的成功[1]。但不幸的是,它同样有黑暗的一面。推动成功的这些力量同时也带有深层次的病态，本书也是讨论这些病态的。

在美国，成功的群体各有特色。尽管如此，它们都表现出了三种文化共性，且每一种都违背了现代美国思维的核心原则。由于实在想不出更平易近人的名字，因此我们把这三种文化力量统称为“三要素”。它包括三个要素的集合：

1. 优越感（A Superiority Complex）。这个要素是最容易定义的：这是对自己群体的特殊性、独特性或者优越性的一种根深蒂固的信念。这种信念的来源千差万别。它可能来源于宗教，比如摩尔门教徒的信仰；它也可能根植于一个故事，讲述你的民族的辉煌历史和灿烂文明，就像中国人和波斯人的历史；它也可能基于身份决定社

1　本书中多次出现了disproportionate success 这个词，直译是“不成比例的成功”。在本书中指的是：相对于某个群体在总人口中的占比，成功人数在总成功人数中的占比要高得多。因此我在这里译成“超出人口占比的成功”。在后文中，为了表述方便，在不影响作者表达意图的前提下，会使用“极大的成功”“巨大的成功”“与群体占比不相称的成功”等译法表述。——译者注

会差异这一大多数美国人从未听说过的概念，例如某些印度裔美国人继承的婆罗门“僧侣”种姓，或是某些尼日利亚移民所属的善于经商的伊博族（Igbo），或者兼而有之。在犹太人小孩的第一次逾越节家宴上，他们会学到犹太人是“上帝的选民”，之后，他们还会陆续学到犹太民族是个有道德的民族，是个有律法和智慧的民族，是个幸存下来的民族。

优越感的要害在于，它和主流的自由主义思想是对立的。后者教导我们要避免评判哪个人或者哪种生活更好。每个人都是平等的。如果对个人优越感的评判是不被接受的，那么对群体优越感的评判就更该遭到唾弃。群体优越感是种族主义、殖民主义、帝国主义和纳粹主义的东西。然而，美国的每个非常成功的群体都在培养自己的优越感。

2. 不安全感（Insecurity）。我们用这个术语表示一种不满足，一种对自身价值或者社会地位的焦虑、不安，总觉得你自己、你做的事或你拥有的东西在某些基本层面还不够好。不安全感有很多表现形式：感觉被人看不起、有危机感、感到力不从心、害怕失去自己所拥有的东西。每个人都可能有这样或那样的不安全感，但有些群体的不安全感更甚。作为移民，几乎肯定会有不安全感，这是一种经济和社会双方面的深刻焦虑，不知道能不能养家糊口，不知道能不能给子女像样的生活。

不安全感应该是撬动成功的关键杠杆，但也是另外一份诅咒，因为它公然藐视当代正统的大众心理学和治疗心理学。对生活不满是人格障碍的一种可诊断的、公认的症状。如果你没有安全感——如果你感到自己在一些最基本的层面上做得不够好，那么你就是缺乏自信；如果缺乏自信，你就无法走向成功的人生。相反，你应该接受治疗。而最让人反感的就是给孩子灌输不安全感的父母。然而，在美国每个最成功的群体中，都有着根深蒂固的不安全感。这些群体不仅忍受着不安全感的折磨，而且在有意无意间还试图加强它。

注意，在不安全感和优越感之间存在着一股很强的张力。一想到有些人既缺乏安全感，又坚信自己是“上帝的选民”或者充满优越感，就感觉怪怪的。然而，正如我们稍后会说到的那样，这种紧张、不稳定的组合，正是“三要素”的力量所在。

3. 克制力（Impulse Control）[1]。我们用这个术语表示抵制诱惑的能力，尤其是在困难面前抵制放弃、退缩的诱惑，坚持完成任务的能力。如果没有克制，任何社会都不可能形成。正如弗洛伊德推断的那样，文明可能始于对原始性本能和侵略本能的克制。然而，在美国相对宽松的背景下，一些群体显然比另一些群体更重视对冲动的克制。

克制力也与当代文化格格不入。“克制力”这个词让人联想到各种各样的负面含义：“控制狂”；某人“控制欲太强”或者“太容易

1　作为标题和术语，我将 impulse control 翻译成“克制力”，但在正文中则根据具体内容和上下文要求，在不影响表达内容、不强调术语时，对译法做适当调整。——译者注

被控制”；不能“冲动”的人，就无法享受生活。总是克制冲动的人无法活在当下，而“活在当下”正是现代性的必要条件。学会活在当下、活在当前是无数书籍和讨喜的电影想要教给我们的，是克服压抑、摆脱抑郁的关键。克制力是中老年人的事，不是年轻人的事，而现代文化首先是年轻人的文化。

当我们越来越不尊重老年，总是试图除去岁月在脸上留下的痕迹时，我们还会转而幻想浪漫的童年，想象那时应该是无拘无束的快乐时光。我们越来越害怕过多的限制、要求、困难或者纪律会破坏那种幸福。相比之下，美国每个最成功的群体对童年和克制力都存在着完全不同的看法，他们会从小培养自律的习惯——或者说，至少在他们崛起时是这样的。

“三要素”中的三种要素都与美国现代观念背道而驰。这样看来，美国的成功群体或多或少都是外来户也就说得通了。同样说得通的是，在日益分化的美国经济中，很多移民群体都处于飞速上升的流动趋势中。看似自相矛盾的是，在现代美国，如果一个群体并不认同或尚未认同主流的、20 世纪 60 年代后的美国自由主义原则，那么这个群体就具有优势。

为什么这“三要素”可以成为群体成功的强大动力？它的动力首先来自“三要素”里前两个看似无法融合的要素所产生的合力。

你可能认为，优越感和不安全感是相互排斥的，这两种品质在一个人身上很难共存。而这正是问题的关键：这是一种奇怪且不稳定的组合，优越感和不安全感的融合是“三要素”的核心所在。当这二者结合在一起时，会产生如芒在背的渴望，你会迫切需要证明自己，需要获得认可。

基本上在所有的历史记录中，犹太人都如芒在背，背负着压力——至少从古罗马皇帝哈德良开始就是如此。当年，哈德良镇压了巴尔·科赫巴起义，禁止犹太人进入耶路撒冷，并把一头大理石雕刻的猪竖在城门外以示羞辱。20 世纪初，数百万东欧犹太贫民来到美国。不光是非犹太人，就连美国的德裔犹太人也把他们视为肮脏、堕落的人。就像一位作家说的那样，“好像集体背负着沉重的负担”。这句话对下一代人也适用。像艾尔弗雷德·卡津、诺曼·梅勒、德尔莫尔·施瓦茨、索尔·贝娄、克莱门特·格林伯格、诺曼·波德霍雷兹以及很多纽约的知识分子，他们都被排除在反犹主义的教育和文化壁垒之外，但后来仍然成了著名的作家和评论家。

这种身上的重担，这种“我要让他们刮目相看”的心态，正是“三要素”的核心，是自身的优越感与不承认这种优越感的外部社会碰撞后的产物。引人注目的是，这种情况在移民群体中非常普遍：一个少数族裔，带着强烈的民族自豪感，却突然发现在美国不受尊重，饱受奚落。这种结果可能接近“无名怨愤”——正如尼采所阐明的那样，无名怨愤是这世上最伟大的动力之一。

社会地位的下降是一种特别强烈的变化。通常情况下，移民来到美国，在经济上会有进步，生活水平也会提高。然而，在某些情况下，他们的经历却恰恰相反：社会地位、财富或者声望急剧下降——当新社会完全不了解他们曾经获得的尊重时，这便更是一种格外痛苦的体验。美国好几个最成功的移民群体都曾遭受过这种额外的打击。我们后面会说到古巴流亡者的生动例子，伊朗裔美国人的情况也是如此。

优越感和不安全感结合在一起，会以一种完全不同但同样激发人向上的方式产生动力：它能产生一种强烈的，有时甚至是令人痛苦的需求，不光要向世界证明自己，也要向家人证明自己。

在很多中国、韩国和南亚的移民家庭中，父母对子女学业上的期望过高。（为什么只考了 99 分？）这些期望中隐含着一种根深蒂固的优越感（我们知道你能比别人做得更好）和一种对当前不够好的尖锐暗示（但你做得还远远不够）。和刚获毕业典礼致辞殊荣的优秀生表亲某某，或者和刚进入哈佛念书的谁谁谁家的女儿相比，你做得很一般。这种情况在低收入和高收入家庭中都很普遍。

更有甚者，来自东亚的移民父母经常告诉孩子，他们的“失败”——比如只拿了个 B+ ——将是整个家庭的耻辱。一位从中国台湾移民美国的母亲在最近的一项研究中是这样解释的：“在中国家庭中，孩子个人的学业成就担负了整个家庭的价值和荣誉……如果你学得好，就是给家庭带来了荣誉，没有给家庭丢脸。从幼儿园开始，孩子为家庭争光、取得好成绩就被赋予了很多价值。”

这种情况在东亚移民圈子里可能最明显，不过，父母期望过高的现象在任何移民群体里都很常见，这正反映出同时存在的优越感和不安全感。60 年前，艾尔弗雷德·卡津曾写道：“人们期待我出类拔萃并不仅仅是为了我自己，而是为了我的父母——为了弥补他们对生活无尽的焦虑。”在卡津所处的犹太人移民群体中，一个孩子的考试或者论文“如果得了 B，全家都会陷入悲伤”。这种动力以各种形式反复出现，产生巨大的压力去推动成功。结果可能是焦虑和痛苦，但也可能是令人瞠目结舌的成就。

因为我们用到了“东亚父母”这样的词汇，所以在继续论述之前，有必要谈一谈文化概括和刻板印象。在本书中，除非有坚实的证据支持，否则我们永远不会对任何群体的经济表现或是主流的文化态度发表任何意见。这些证据可以是经验的、历史的或者是社会学上的（参见本书尾注中的引证来源）。但当群体之间的确存在差异时，我们会明确说出来。这只是基于客观统计的事实，例如，摩尔门教青少年比其他美国青少年更少喝酒或者更少有婚前性行为。当然这里也会有例外，但如果这些例外蒙蔽了我们的双眼，或因此限制谈论群体的差异，那我们也就无法理解我们生活的这个世界。

对群体的概括如果是错误的、充满仇恨的，或者认为对群体的每个成员都适用，那这种概括就会变成令人不快的刻板印象，即成见。没有一个群体也没有一种文化是铁板一块。即使是印度裔美国人这样的高收入“成功”群体，也包括了 20 多万贫困人口。此外，在每一种文化中都存在着相互竞争的亚文化，总有一些人拒绝接受伴随他们长大的那些价值观，但这并不会削弱文化的真实性和影响力。作家韦斯利·杨（Wesley Yang）写道：“让我来总结一下我对亚洲人价值观的感受：去他的孝顺，去他的好好学习，去他的常春藤热，去他的服从权威，去他的谦虚勤奋，去他的一团和气，去他的忍辱负重。”而一个人对自己的文化背景不管是热烈拥抱还是尖叫逃离，它总在那里，深入骨髓，影响深远。

* * *

现在回到本书的主题，来看看“三要素”是如何发挥效力的：优越感和不安全感结合在一起产生动力（至少在本书中会试图阐明这一点），但成功需要的不仅仅是动力。事实上，“动力”这个比喻会有些误导，它让人联想到汽车和高速公路，似乎成功人士唯一要做的就是加满油并猛踩油门。我们不妨换个比方，我们可以把生活比喻成一场战争——对抗狂暴命运的无情摧残，对抗一次次把你击倒的体制，对抗几乎无法抗拒的想要放弃的冲动。

几乎每个人在人生的某个时期都会遇到障碍、逆境和失望。动力负责进攻，但成功需要的不仅仅是进攻。据说，一位历史上最伟大的棋手在谈到另一位象棋大师时说：“（他）永远也不会成为世界冠军，因为他没有耐心忍受几个小时的糟糕处境。”“三要素”不仅注入动力，它也提供防守——这包括韧性、弹性、忍耐力、抗打击能力，以及让自己重新站起来的能力。

在某些方面，优越感本身就能做到这一点。它为那些不断面临敌意和偏见的少数民族提供了非常重要的心理防线。用自己的民族优越感来抵挡主流人群的优越感，是成功的少数族裔的共同策略。本杰明·迪斯雷利（Benjamin Disraeli）曾用它来对抗英国的反犹主义。

“没错，我是犹太人，”他在下议院里面对诋毁时做出了那段著名的回应，“当这位尊贵绅士的祖先还是某个无名小岛上的野蛮人时，我的祖先在所罗门圣殿里担任祭司。”

然而，更强大的力量则来自优越感和克制力之间的相互作用。这是一种通过控制冲动实现优越感的信念，会产生一种自我实现的循环，这种循环会越来越持久。建立在克制力基础之上的优越感非常强大，具有这种优越感的人会渴望展示和锻炼自己的自控力，以实现某种困难的目标；他做出的牺牲越多，面对的困难越多，就越觉得自己优越，未来也越有能力完成更多需要自我控制的行动，从而让自己觉得更优越。如此循环，其结果就是一种承受苦难的能力——一种更高阶的适应力、耐力或者毅力。

这种互动正是“三要素”的另一个特点。美国成功的移民群体几乎总是把优越感建立在克制力的基础之上。他们更愿意相信（可能因为这就是真相）他们能忍受更多的逆境，能比一般美国人工作更长的时间。他们把这种能力看作一种美德，并将其纳入自我认同的自豪感之中，继而竭力教育他们的孩子也树立这种美德，这通常非常有效。

但这种现象并非移民独有。摩尔门教徒也把他们的优越感和自律、节俭以及传教时的艰辛（通常是为期两年的传教，指定的传教地点从克利夫兰到汤加，远近不等）联系在一起。注意，克制力在这里再次被理解为一种美德——一种道德上、精神上以及性格上的美德。这种克制力本身就是值得赞扬的和充满正义的。在传教时，摩尔门教徒必须放弃约会、电影、杂志和流行音乐。他们每周可以发一次电子邮件，但只能通过公共设施（不能在家里）发，而且只能在圣诞节和母亲节时给家里打电话。当其他 18 岁的美国年轻人在享受大学校园里盛行的滥饮文化时，摩尔门教徒却一周工作 6 天，每天工作 10 到 14 个小时，穿着白衬衫，男子打着领带，女子穿着整洁的裙子，挨家挨户地敲门，忍受一次次的拒绝和嘲笑。

就其本身而言，忍受苦难的能力与经济收益或者传统意义上的成功毫无关系。原则上，它可能会导致衣不蔽体或成为卡夫卡式（Kafkaesque）[1] 的饥饿艺术家。但是，当忍受苦难的能力碰上成就事业的野心——当毅力碰上决心，其结果就是一台延迟满足的机器。

优越感加上不安全感就等于动力，优越感加上克制力就等于肯吃苦的毅力。当“三要素”中的三个要素在一个群体文化中出现时，这个群体中就会有更多的成员愿意为了明天的成就而承受今天必须承受的一切[2]。

---

1 “卡夫卡式”指捷克作家弗兰兹·卡夫卡的写作特色，多体现为对社会的陌生感、孤独感、恐惧感和不确定性。——译者注

2 无须多言，在一个被完全剥夺了经济机会的社会里，再多的勇气和干劲也无法使一个群体获得经济上的成功。大多数的美国犹太移民在来到这个国家之前可能都有“三要素”这种文化，但在东欧国家的“犹太人定居点”里，这些对他们毫无用处。作为一种成功的动力，“三要素”依赖制度上的保证，它离不开奖励努力工作和延迟满足的制度。如果一个国家由盗贼统治，即便拥有“三要素”的文化，这个国家仍会深陷贫困。因此，正如德隆·阿西莫格鲁（Daron Acemoglu）和詹姆斯·罗宾逊（James Robinson）指出的那样，解释国家间财富差异的最佳方式恐怕是制度而非文化。朝鲜和韩国就是一个明显的例子。〔另一方面，贾雷德·戴蒙德（Jared Diamond）认为，地理因素可以最终解释为什么有些大陆或地区比其他地区更早地形成了创造财富的制度。他可能是对的。〕但要解释为什么在同一个国家内，面临着大致相同的经济体制——而且还经常面临歧视——一些群体仍可以从贫穷走向富裕，单从制度上解释就不能完全回答这个问题了。

但是，这种成功是有代价的。“三要素”中的每个要素都有它自己独特的病态特征：极度缺乏安全感的人往往神经质；总是拒绝冲动会削弱体验美丽、平静和由衷快乐的能力；深信自己的群体高人一等是最危险的，它会助长傲慢，加深偏见，甚至更糟。历史上一些最严重的罪行，比如奴隶制、种族隔离、种族灭绝，这些都是在一个群体声称自己比其他群体更优越的基础上出现的。

但即便作为一个推动成功的引擎相对温和地运转时，“三要素”文化同样可能是病态的，原因就在于它对成功的定义。

“三要素”文化更注重物质的、传统的、以获得声望为主的成功。这正是他们缺乏安全感的结果。这些人肩负重担，迫切需要向世界证明自己，这些都源自恐惧：你初来乍到，甚至不会说他们的语言，很可能连基本的养家糊口都做不到。“三要素”文化中特有的焦虑促使人们更重视收入、奖章和其他的外部认可。

但是，物质上的成功显然不等于生活上的幸福和成功。詹姆斯·特鲁斯洛·亚当斯（James Truslow Adams），这位让“美国梦”一词变得家喻户晓的历史学家写道：每个人都应该接受两种教育，一种是“教我们如何谋生”，另一种是“教我们如何生活”。“三要素”文化带来的成功，强调的是外在的衡量标准，并不能提供后一种教育，即教我们如何生活。相反，在一个非常强调建功立业的文化中长大的人，如果没有成功或者选择不去建功立业，就会感到压抑和愤怒。延迟满足会导致一种“一切都不够好”的心态，需要多年的调整才能恢复。因此，有人开玩笑说，成为华尔街律师事务所的合伙人就像赢得了一场吃馅饼比赛，而奖品就是更多的馅饼。

在最糟糕的情况下，“三要素”会使生活变得扭曲，令人精神崩溃。那些相信如果没有赢得所有奖项就是失败者或是一文不值的孩子，可能在20多岁的时候会意识到，他们穷极一生去追求的那些东西，其实根本就不是他们想要的。

这本书的大部分内容探讨的都是美国最成功的群体——列举他们的文化共性、他们的发展轨迹，以及他们的病态特征。但我们也会详细介绍一些美国相对贫穷的群体。我们在书中做这些阐述，以此论证本书的基本论点，就是这些群体缺乏“三要素”的特质。但是——这一点非常重要，需要提前强调——缺乏“三要素”特质并不是造成他们贫困的根本原因。几乎在每一个案例中，美国的长期低收入群体之所以贫穷，都是系统性的剥削、歧视、机会被剥夺，以及与他们的文化无关的制度或宏观经济因素造成的。

此外，在某些案例中，一个群体缺乏“三要素”特质正是美国自己造成的。几个世纪的奴役和诋毁会让一个群体很难（尽管并非不可能）产生一种融入骨髓的优越感。同时，如果这些群体的成员开始不相信体制，不相信遵纪守法和努力工作就会有回报，如果他们认为像他们这种人没有机会成功，那他们就没有理由控制冲动，没有理由去牺牲眼前的享受来换取未来经济上的成功。

这种情况一旦出现，就会陷入恶性循环。美国最贫困的群体陷入贫困可能不是因为他们缺少“三要素”特质，但他们现在确实没有这种特质了，他们的问题因此变得更棘手、更难克服。在这种情况下，他们需要更多的毅力，更多的动力，也许是不同凡响的人才能取得突破。

在美国，真正依靠“三要素”取得成功的群体，会陷入一种创造性破坏[1]的过程，这会不可逆转地改变他们。美国自身的文化抗体总是攻击这些群体，鼓励他们的成员摆脱自身文化传统的束缚。

这个过程会产生多种可能的结果。其一就是，这个群体做得太好了，以至于干脆消失了——比如曾经极为成功的美国胡格诺教派（Huguenot）团体几乎已经消失殆尽。一个群体的消亡可以被颂扬为美国大熔炉的胜利，也可以被哀悼为传统和身份的丧失，但归根结底是一样的：一个成功的群体，正因为它的成功，才被同化、通婚，最终美国化。黎巴嫩裔美国人（和其他阿拉伯裔美国人一样，异族通婚率极高）可能是这种现象在20世纪的又一个例子。

另一个可能的结果是衰退。从本质上讲，通过“三要素”取得的成功很难维持。成功使人放松，会消除不安全感。与此同时，现代的平等原则也常常削弱群体的优越感。美国人那种热爱自由、急功近利的文化，也会削弱克制力。正是在所有这些压力的重压下，美国白人新教徒在美国经济中的主导地位下降了。

今天，许多美国犹太人担心胡格诺教派因同化和通婚而消失的结果重演。也许他们更应该关注美国白人新教徒的结局——成功之

1　不断破坏旧有的秩序和结构，同时不断创造新的结构，这一过程称为“创造性破坏”。——译者注

后的衰落。随着埃利斯岛[1]和下东区[2]逐渐成为过去，从华盛顿到华尔街再到好莱坞，犹太人在美国的安全感可能比一千年来在任何一个国家都要高。此外，我们在后面会谈到，今天的犹太文化似乎不像过去那样强调克制力了。如果真是这样，如果本书的论点是正确的，我们就不应该想当然地认为犹太人还能继续取得成功。事实上，越来越多的证据表明，在美国犹太人曾经占主导地位的众多学术领域中，年轻犹太人的表现急剧下降。

但是，具备“三要素”特质的群体并非命中注定要消失或衰落，还有一种可能。这种可能性更诱人，更不稳定。当这些群体中的孩子在美国长大成人，他们会质疑这种家庭文化到底教给了他们什么——他们是谁，他们应该如何生活。他们会开始采用美国人的做派，然而，并不会完全美国化。相反，他们可能觉得他们无论在自己的文化圈还是在外面的大社会中都是个局外人。

跨越这种文化边界会让人觉得自己不属于任何地方，他们没有文化归属，但这也可能成为一股巨大的活力和创造力的来源。他们摆脱了群体文化的束缚——这种摆脱只局限在性格、性取向、职业生涯方面，但同时保留了“三要素”的核心要素。因此，具有“三

1 埃利斯岛（Ellis Island）是位于美国纽约州及新泽西州纽约港内的一个岛，与自由女神像的所在地自由岛相邻。埃利斯岛在 1892 年 1 月 1 日到 1954 年 11 月 12 日期间是移民管理局的所在地。许多来自欧洲的移民在这里踏上美国的土地，进行身体检查和接受移民官的询问。——译者注

2 下东区（Lower East Side）是美国纽约市曼哈顿东南部的一片街区。下东区原本是一片移民、工人阶级街区，但于 2005 年前后经历快速士绅化，以致美国国家历史保护信托基金会于 2008 年将这片街区列入美国最濒危地点名录。——译者注

要素”特质的群体可以在几代人的时间里重塑自己，个体可以获得各种各样的成功，无论是伟大的还是简单的，都是他们的父母做梦也想不到的。

在本书中，我们会反复提到“三要素”文化和具有“三要素”特质的群体。为了避免任何误解，我们想强调两点。

首先，“三要素”文化并不会让群体中的所有成员都产生我们描述的那些性格特征——优越感、肩负重担、吃苦耐劳的能力等。为了群体的成功没有必要这样，你只要比平均水平高就够了。1941 年，伟大的棒球运动员特德·威廉姆斯（Ted Williams）每 10 次击球只能打出 4 次安打，但因为美国职业棒球大联盟球员平均每 10 次击球只能打出 2.6 次安打，威廉姆斯就取得了无人能及的成就，入选棒球名人堂。与此相似的情况还有，如果在某种文化中，每 10 个人里有 4 个人能取得很大的成就，而周围的平均水平只能达到 1/20，那这种文化就取得了不成比例的成功，即超出人口占比的成功。

其次，与之相反，一个没有在“三要素”文化中长大的人，也可以拥有“三要素”文化的特质。早在成名之前，史蒂夫·乔布斯就对自己的能力有着异乎寻常的高度评价。他的一位前女友就认为他患有自恋型人格障碍。他的自控力和对细节的一丝不苟同样出名。与此同时，据他最亲密的一位朋友说：“史蒂夫总是肩负重担、耿耿于怀。从深层次上来看，史蒂夫有一种不安全感，他必须走出去证明自己。我觉得，孤儿的身份驱使史蒂夫不断前进，这股动力是我们大多数人永远无法理解的。”

也许乔布斯生来就具有“三要素”的文化特质，又或者像他的朋友推测的那样，因为他是孤儿，所以才会这样。在任何一个家庭，不管背景如何，特别强势的父母，甚至是祖父母都可以让孩子感觉到一种与众不同的、高期望值的、必须自律的文化，在家庭内创造出一种微型的“三要素”文化。一个人也可以自己培养这些文化特质。在“三要素”文化中长大，并不意味着你就拥有独一无二的、别人无法获得的能力，它只会增加你的胜算。

“三要素”理论的每一个前提都有充分的证据和相对无争议的经验事实支持。后面的章节会详细展开论述，我们在这里先简要地总结一下。

无论是实验室里的实验还是实地调查，都反复验证了“成见威胁”和“成见促进”[1]的存在，由此证明了群体优越感可以增加成功的机会。一般来说，如果你相信自己所属的群体在某些方面——无论是学术方面还是体育运动方面——更优秀，都会让你从心理上获得激励，能在这项活动中表现得更出色。此外，那些专门研究移民群体的社会学家也发现，有些群体会将文化自豪感和他们独特的文化传统转化为一种“民族心理防线”，从而直接促进该群体获得更高的

1 成见威胁（stereotype threat）也叫刻板印象威胁，是指一个人在某种环境里，会担忧或焦虑自己的行为，将会验证那些对于自己所属社会群体的负面成见，而这种焦虑将会影响此人的表现，使得他的表现变差。成见促进（stereotype boost）也叫刻板印象促进，与成见威胁正好相反。——译者注

教育成就。

最近大量的研究证实，不安全感能刺激人们获得成就。一个人感觉自己不够好，或者做得不够好，都会带来更好的结果。这一结论得到了两项20世纪关于成功人士的重要研究的支持，其中一项研究是由提出过著名的多元智能理论的霍华德·加德纳（Howard Gardner）领导的。令人意外的是，这两项研究都发现，不安全感，特别是来自童年的不安全感，是获得成功的普遍驱动力。加德纳引述过温斯顿·丘吉尔的话：

> 只有各种逆境造成的刺痛，和早期受到的奚落和嘲弄的刺激，才能激发那种完成大业所需要的铁石心肠和经久不衰的智慧。

最后，实验心理学如今有一个分支专门研究下面这些现象："努力控制"、"自我调节"、"延迟折现"、"自我力量"或（更吸引眼球的）"意志力"以及"毅力"。这些概念都与克制力有关，也正是我们用这个术语想表达的：抵制诱惑的能力，尤其是抵制面对困难时想要放弃的诱惑。从著名的棉花糖实验[1]开始的这些研究，其结果毋庸置疑，令人振奋。克制力更好的孩子会取得更好的成绩，更少入狱，

1 棉花糖实验是斯坦福大学沃尔特·米歇尔博士1966年到1970年在幼儿园进行的有关自制力的一系列心理学经典实验。在这些实验中，小孩子可以选择一样奖励（有时是棉花糖，有时是饼干、巧克力等），或者选择等待一段时间直到实验者返回房间（通常为15分钟），得到相同的两个奖励。——译者注

更少出现青少年早孕，工作机会更好，收入更高。几项研究均表明，意志力和毅力比智商或者SAT[1]考试分数更能预测成绩和未来的成功。

* * *

在结束本章之前，我们还需要谈一谈“三要素”中没有包括的东西：教育。人们常说，犹太裔和亚裔美国人在美国获得成功是因为他们来自“注重教育的文化”。既然“三要素”本质上是从文化层面对群体成功的解释，那为什么没有把教育作为核心要素之一呢？

究其原因，首先，成功群体重视学习的这一规则存在明显的例外。位于纽约布鲁克林区的叙利亚犹太人群体成就非凡但非常孤立，他们并不强调教育或者知性主义。事实上，上名牌大学接受高等教育在这一群体中并不受欢迎。恰恰相反，这个群体优先考虑商业和传统，“接手家族企业”，并把年轻人留在家里。由于他们与外界没什么联系，大多数人可能从未听说过美国的叙利亚犹太人群体。但他们已经兴旺发达了好几代人，在经济上和文化上都是如此。精英教育显然并不是它的模式。

当然，美国大多数的成功群体确实重视教育。而且，他们也喜欢存钱和努力工作。问题是为什么？在这一点上，最糟糕的做法——这种做法给文化理论带来了坏名声——就是把这些行为变成形容词，把它们归于文化，并把这些当作“解释”。为什么中国人的储蓄率如

1 SAT 测验是由美国大学委员会委托美国教育测验服务社定期举办的测验，和 ACT（美国大学入学考试）一起作为美国各大学申请入学的重要参考条件。——译者注

此之高？因为他们来自“崇尚节俭的文化”。说到教育的时候也是如此。为什么成功群体的家长总爱谈论教育？因为他们来自“注重教育的文化”。

事实上，美国很多正在崛起的群体，虽然现在重视教育，却并没有什么源远流长的“注重教育的文化”。例如，尽管早期摩尔门教的先驱在美国西部创办了许多学校和大学，但在 20 世纪大部分时间里，摩尔门教派文化的一个重要潮流仍然是对知识和科学探索持相对封闭的态度，强调“《圣经》对人类理性的权威”。1967 年，后来成为教会主席的斯宾塞・W. 金博尔（Spencer Wolley Kimball）曾敦促杨百翰大学（Brigham Young University）的教员们记住，摩尔门教徒“首先是信仰上帝的人，其次才是文学家，最后才是科学家……他们首先是正直的人而不是学术精英”。

即使我们认为几个世纪以来的学术传统应该熏陶出了这些文化，但由此就认定他们今天重视教育正是因为这些传统，就可能过于肤浅。例如，有些人认为犹太人具有典型的“重视学习的文化”。然而，埃利斯岛上的许多犹太移民几乎没有接受过教育，一生几乎都极度贫困地生活在被叫作“犹太人小村”的贫民窟里。也许这些没受过教育的屠夫和裁缝通过犹太会堂、逾越节仪式或对拉比的尊重，把伟大的犹太人的“学习传统”传给了他们的子女。也许，并不是这样。

美国社会学家内森・格雷泽（Nathan Glazer）说，他的移民父母以及父母那一代中的很多人都对犹太人的学习传统一无所知。著名的社会心理学家斯坦利・沙克特（Stanley Schachter）也提出了类似的观点：

> 我上耶鲁大学完全违背了我父亲的意愿。他一点也不关心高等教育，只想让我去中西部读个一年制的洗衣房技校（这不是开玩笑），然后回来帮他经营家族生意。我从来都不明白所谓靠智力驱动的犹太移民到底是怎么回事。我的家庭就不是这样，我也没见过几个家庭是这样的。

事实上，围绕着研究犹太法典《塔木德》[1]的古老传统而组织起来的最虔诚的犹太人群体应该是位于纽约州奥兰治县基里亚斯·乔尔村的萨特玛极端正统派。他们恰恰是美国最贫穷的群体之一。

究竟是什么原因使某些群体中的成员无论多么贫穷或者“没有文化”，都能抓住教育这条向上攀登的阶梯呢？只说这些群体来自“勤奋工作的文化”或者“重视教育的文化”不具有任何启发性，这就如同在说，成功的群体之所以成功，是因为他们做了成功需要做的事；或者说失败的群体之所以失败，是因为他们来自“懒惰的文化”，没有做成功需要做的事。

简而言之，教育就像努力工作一样，并不是个自变量，而是一个因变量[2]。它并不是解释其他行为的要素，而是一个有待解释的行

1 《塔木德》是犹太教中认为地位仅次于《塔纳赫》的宗教文献。大约成书于公元 2 世纪至 5 世纪间，记录了犹太教的律法、条例和传统。——译者注

2 自变量是会引起其他变量发生变化的变量。因变量是因一些变量变化而被影响的量。——译者注

为。美国的成功群体之所以强调对子女的教育，因为这是通向成功的最可靠的阶梯。我们面临的挑战是要深入调查和探究这种行为背后的文化根源——找出它背后的基本文化力量。

尽管存在大量的多样性，美国的确有自己占主导地位的文化，而且这种文化非常强势。所以我们经常会听到美国在世界范围内的“文化霸权”或者“全球化就是美国化”这类说法。这就提出了一个问题，美国文化是“三要素”的文化吗？

在过去当然是。事实上，美国在很长一段时间里都是典型的信奉“三要素”的国家。它深信自己命运特殊，骨子里继承了清教徒的工作伦理，每个人在面对贵族气派的欧洲时都背负着声名狼藉的骂名。这在它的市民中灌输了一种全新的不安全感：每个人都必须通过物质上的成功来证明自己，而在经济上不成功的人就是失败者。法国思想家托克维尔在描述美国人的“奋发向上”时就观察到了这一切。

但是，正如我们在本书后面会详细讨论的那样，美国已经发生了变化，特别是在过去的50年里变化更大。今天的美国文化——无论是高是低，蓝州还是红州，蓝领阶层还是象牙塔阶层——都和“三要素”文化背道而驰，格格不入。在美国，无论是公立学校还是私立学校，都会不由分说地传达出一条信息：没有任何群体优于其他群体。在美国，拥抱真实的自己——对自己有安全感——被看成是成功生活的关键。不懂得活在当下的人会错过幸福和人生。不管这些主张的背后隐藏着怎样的真理，颇具讽刺意味的是，美国仍然用财富、声望和权力奖励那些并不相信这一套的人。

换句话说，如今，美国人告诉自己该如何思考、如何生活的这套说辞和现实中美国经济给予的回报脱节了，而拥有“三要素”文化的群体正在利用这种脱节。

第二章

什么样的人取得了成功？

在这里，我们衡量成功的标准包括收入、学术成就、企业领导力、专业学识以及其他的传统标准。

在这一章，我们来考察一下美国最成功的群体。这里衡量成功的标准包括收入、学术成就、企业领导力、专业学识以及其他的传统标准。但我们首先要澄清，将考察的是什么类型的群体。

划分美国人口的方法数不胜数。大量的经济流动性研究将美国的财富按种族分类——典型的方法是按白人、黑人、亚裔和西语裔划分。最近的逆向趋势则关注阶层和阶层固化，五等分人群，富人和穷人，99% 和 1% 等。但是，像“种族”和“阶层”这样的术语过于庞大或概括，它在揭示问题的同时，也容易让人摸不着边际。

事实上，尽管谈论起来令人不快，但一些宗教、种族和国籍出身的群体明显比其他群体更成功。如果我们不正视这些群体，就不可能理解美国的经济流动性，不可能弄清楚撬动这个国家成功的杠杆到底是什么。

虽然不是全部，但很多宗教、种族和国籍出身的群体都有一个显著的特征：他们是“文化群体”。这就是说，他们的成员在某种特定的文化背景下长大，认同自己是这种文化中的一员，并把这种文化的价值观、信仰、习惯和习俗传递下去。[1]不用说，宗教、种族和国籍出身是文化的起点，但不是终点。这些群体中的亚文化群体——例如，宗教激进主义者与非宗教激进主义者，第一代移民与第三代移民——都可能对群体的成功产生巨大的影响，我们会始终关注这些细微的差别。

今天，如果说在美国有一个群体取得了传统意义上的巨大成功，那就是摩尔门教徒。

就在50年前，摩尔门教徒还经常被视为边缘群体，很多美国人几乎没听说过耶稣基督后期圣徒教会。〔“摩尔门”一词并不在官方的教会名称里，它来自《摩尔门经》（*Book of Mormon*），这是教会创始人约瑟·斯密（Joseph Smith）根据从天使那里得到的金页片翻译而成的一部新经文。〕摩尔门教徒主要集中在犹他州和邻近的几个州里，在很大程度上是一个与世隔绝的群体，他们抵制现代美国的许多

1 有人说“文化并没有一种普遍接受的定义”，这种看法未免轻描淡写。在2006年的一份文献汇编中就发现了300多个定义。我们在本书中使用这个术语的方式可能与这些定义中的大多数是一致的，但我们设定了一些基本前提：第一，一个群体的文化是经常变化的（而非一成不变的），即使在一代人期间也可能发生根本性的变化；第二，这种文化通常是多个侧面的（而非铁板一块的），有大量的甚至是互相冲突的价值观交织在一起；第三，人可以改变自己的文化状况（例如，一个家庭可以由父母引领，形成一种独特的文化）；第四，不存在“一个人只能有一种文化”的原则（就是说，一个人可以有多种文化的烙印，这种情况在美国很常见）。要进一步了解我们在本书中如何看待“文化”，请参阅尾注。

新事物。直到 1978 年，摩尔门教会还明确歧视黑人，拒绝接受黑人做牧师。到 1980 年，华尔街和华盛顿特区仍然很少见到摩尔门教徒。

仅仅 30 年后，你却很难不注意到摩尔门教徒爆发式的成功。绝大多数情况下，摩尔门教徒获得的是最主流、最传统、最完美的成功。你很少看到摩尔门教徒打破常规或是从大学辍学，成立自己的高科技创业公司。（在线分析技术公司 Omniture 的联合创始人乔希·詹姆斯是个明显的例外。）你最常看到的是他们在企业界、金融界和政界的成功。考虑到摩尔门教徒肩负的责任，这完全说得通。摩尔门教长期被看成一夫多妻、近乎疯狂的教派，教徒们似乎下定决心要证明自己比其他美国人更具美国特色，因而格外热衷参加总统竞选。

新教徒占美国总人口的 51%，而摩尔门教徒只有 500 万到 600 万人，占美国总人口的 1.7%。然而，他们跻身美国企业界和政界高层的人数却十分惊人。

最著名的当然是米特·罗姆尼（Mitt Romney）。他在担任马萨诸塞州州长之前曾担任贝恩资本（Bain Capital）的首席执行官（目前净资产估计为 2.3 亿美元）。美国前驻华大使洪博培（Jon Huntsman Jr.）——罗姆尼于 2012 年参加共和党总统候选人竞选时遇到的对手——与美国参议院多数党领袖哈里·瑞德一样同为摩尔门教徒。摩尔门教的其他政坛要人还包括：参议员奥林·哈奇（Orrin Hatch）——他在 2000 年共和党总统候选人提名中输给了小布什；国会议员莫里斯·尤德尔（Morris Udall）——他在 1976 年民主党总统候选人提名中输给了吉米·卡特（Jimmy Carter）；还有罗姆尼的父亲，密歇根州前州长乔治·罗姆尼（George Romney）——他在1968年共和党总统候选人提名中输给了理查德·尼克松。

在商界，杰出的摩尔门教徒包括捷蓝航空公司创始人、前首席执行官戴维·尼尔曼（David Neeleman）；万豪国际主席、创始人之子J. W. 玛里奥特（J.W.Marriott）；山姆会员商店首席执行官托马斯·格里姆（Thomas Grimm）；曾任麦迪逊广场花园首席执行官和纽约尼克斯队（New York Knicks）前总裁的戴夫·切克茨（Dave Checketts），他现在是体育和娱乐公司SCP Worldwide的负责人；戴尔公司前首席执行官凯文·罗林斯（Kevin Rollins）；花旗集团、美国运通、西尔斯·罗巴克公司的前首席财务官加里·克里滕登（Gary Crittenden）；费雪玩具公司前首席执行官加里·鲍曼（Gary Baughman）；哈佛商学院（Harvard Business School）前院长金·克拉克（Kim Clark）；密歇根大学罗斯商学院首位女院长艾莉森·戴维斯-布莱克（Alison Davis-Blake）；销量已超过2500万册的《高效能人士的七个习惯》一书的作者史蒂芬·柯维；《创新者的窘境》（英特尔公司首席执行官安迪·葛洛夫说，这是他10年来读过的最重要的书）一书的作者克莱顿·克里斯坦森（Clayton Christensen），他正是《纽约客》杂志上一篇题为《当巨人倒下：企业从克莱顿·克里斯坦森那里学到了什么？》一文的主角。

这只是冰山一角。摩尔门教徒已经进入很多公司的高层，诸如：美国汽车公司、汉莎航空公司、德勤会计师事务所、柯达公司、百得公司、天西航空公司（Sky West Airlines）、罗德与泰勒百货公司（Lord

& Taylor）、斯酷凯蒂公司以及普华永道会计师事务所。乔恩·M. 亨茨曼（Jon Huntsman Sr.）创立了美国最成功的化学公司之一，成为福布斯 400 富豪榜上的亿万富翁。艾伦·阿什顿（Alan Ashton）是文字处理软件公司 WordPerfect 的联合创始人，他在 20 世纪 90 年代跻身美国最富有的 400 人之列。艾德文·卡特姆（Edwin Catmull）在盐湖城一个传统的摩尔门教家庭长大，他在 20 世纪 80 年代成为三维电脑动画的先行者；后来，他成为华特迪士尼动画工作室及其子公司皮克斯工作室的总裁，皮克斯工作室曾 26 次赢得奥斯卡金像奖。

摩尔门教徒在企业界之外也获得了声誉。据说，他们在中央情报局和驻外机构中的人数比例很高（显然是因为做传教士训练出来的语言能力和洁身自好的习惯）；杨百翰大学的视频动画节目《不知从哪里冒了出来》，已经成为美国各大动画和特效工作室的主流。此外，轰动一时的小说《暮光之城》的作者斯蒂芬妮·梅尔、当红电台主持人格林·贝克（Glenn Beck）、《大人物拿破仑》的主演乔恩·海德（Jon Heder）、美国电视节目《危险边缘》（*Jeopardy!*）的纪录保持者肯·詹宁斯（Ken Jennings）（连续获得 74 场胜利），他们都是摩尔门教徒。

可以肯定的是，一份超级明星的名单，无论多么令人印象深刻，单凭它本身并不能证明这个群体获得了超出人口占比的成功。而且，值得注意的是，在《财富》杂志世界 500 强企业的首席执行官中，摩尔门教徒的比例（目前）还不高。但我们的确可以从一个侧面观察到摩尔门教徒从默默无闻到成为美国商业精英的惊人崛起。《财富》杂志世界 500 强企业榜单自 1955 年开始发布。在 1970 年以前，《财富》杂志世界 500 强企业中从未有摩尔门教徒担任过高管。自 1990 年以来，这些企业中共出现了 14 位身为摩尔门教徒的高管，其中有 12 位首席执行官，1 位总裁，1 位首席财务官。

再来看另一份数据。2012 年 2 月，高盛集团宣布在其第三大城市运营中心（仅次于纽约 / 新泽西和伦敦）现有 1300 名员工的基础上，再增加 300 名员工。这个拥有 1600 名员工的地方在哪里呢？就在犹他州的盐湖城[1]。从名声上说，宾夕法尼亚大学的沃顿商学院名列美国最好、最有声望的商学院。2010 年，沃顿商学院向高盛集团输送了 31 名毕业生，和没有那么知名的杨百翰大学万豪商学院输送的毕业生人数完全相同。

统计摩尔门教徒的收入和财富相当困难。美国研究信仰与金钱关系的首席研究员丽莎 · 凯斯特（Lisa Keister）表示，目前可供研究的样本规模太小，不足以支持最终的结论（不过根据现有的资料判断，她推测摩尔门教徒的财富可能高于平均水平）。调查数据显示，摩尔门教徒基本是稳定的中产阶级；相比美国的平均情况，他们更有可能达到 5 万到 10 万美元的收入水平（摩尔门教徒中 38% 能达到这个收入水平，而在美国总人口中这一占比是 30%）。收入水平低于 3 万美元的可能性略低（26% 比 31%），收入超过 10 万美元的可能性也不高（实际上略低：16% 比 18%）。

但这些数字很难用于分析。首先，它们代表家庭收入。摩尔门

1 盐湖城是摩尔门教的总部所在地。——译者注

教鼓励妇女做全职家庭主妇。认为自己是家庭主妇的摩尔门教妇女的比例是非摩尔门教的两倍。虽然这给了男性摩尔门教徒一些优势（摩尔门教记者杰夫·本尼迪克特声称，妻子“待在家里”正是9位著名的摩尔门教首席执行官成功的“秘诀”），这也意味着摩尔门教的男人要挣得比非摩尔门教的男人多得多，才能在家庭收入上和后者旗鼓相当或者略占上风。

更重要的是，这些数据将所有摩尔门教徒混在了一起。这可能会产生严重的误导。摩尔门教在世界各地迅速传播，四分之一的美国摩尔门教徒是改宗的。虽然这些改宗者中有些很有名，比如当红电台主持人贝克先生，但大多数都比较贫穷，这就降低了摩尔门教徒的整体收入水平。非改宗的摩尔门教徒年收入更有可能达到至少5万美元（这个比例是58%，而在美国人口中的这一比例为45%）。

当然，并不是所有摩尔门教家庭都把他们的年轻人送到高盛。小型的摩尔门宗教激进主义者社区依然存在，他们往往与世隔绝，实行一夫多妻制度，而且相对贫穷（这些群体被摩尔门教官方逐出教会，不承认他们是摩尔门教徒）。在亚利桑那州的科罗拉多市，“先知”鲁隆·杰夫斯（Rulon Jeffs）在90多岁时仍然是其中一个团体的领导人；到2003年，“鲁隆叔叔”大约娶过75位女性，至少是65个孩子的亲生父亲。尽管他们把美国看成一股邪恶的力量，但科罗拉多市的宗教激进主义居民还是乐于接受福利，三分之一的人靠领取食品券生活。但是，从文化的角度来看，宗教激进主义的摩尔门教徒与今天绝大多数的摩尔门教徒有着本质的不同。我们在后面会谈到，他们在经济上的落后恰恰证实了“三要素”的重要性，而这正是宗教激进主义的摩尔门教徒所缺乏的。

然而，真正能证明摩尔门教徒在挣钱和积累财富方面具有非凡能力的，是摩尔门教会。教会对自己的财务状况守口如瓶，无论是对外界还是对自己的教徒都是如此。真实数字只有十二使徒定额组知道——他们是教会的最高领导委员会，由 12 位男性教徒组成（女性被排除在外）。很明显，教会的资产庞大，并遍布全美，是一个由营利性企业的非营利性组织组成的庞大集团。

美国摩尔门教会拥有的土地比美国的特拉华州面积还大。据摩尔门教社会科学协会的一位前会长说，教会在佛罗里达拥有的地产是华特迪士尼公司的 10 倍，其中包括“一座价值 10 亿美元的营利性养牛场和柑橘牧场”——这是美国最大的非政府补贴的养牛场。摩尔门教会是美国最大的坚果生产商之一，也是最大的马铃薯种植户之一。一家由教会开办的保险公司的资产达到 16 亿美元。教会还拥有至少 25 个广播电台、商业地产、购物中心，以及一座位于夏威夷的主题公园，里面复制了波利尼西亚村庄，每年接待 100 万人次游客，是该州的一个主要旅游景点。仅杨百翰大学一所机构的捐款就将近 10 亿美元。

截至 2008 年，拥有辉煌历史的英国国教整体资产约为 69 亿美元。2002 年，算上美国所有教区筹集的所有资金，拥有 7500 万教徒的美国天主教会年收入估计为 75 亿美元。相比之下，摩尔门教会的教徒数量只有不到十分之一，据信在 1997 年拥有的资产却已经达到 250 亿 ~ 300 亿美元（据说这是一个非常保守的估计），目前的年收入为 50 亿～60 亿美元。正如一项研究指出的那样，“如果按人均计算，其他任何宗教都无法与这些数字相提并论”。

戈伊祖塔商学院（Goizueta Business School）隶属美国佐治亚州亚特兰大市的埃默里大学（Emory University）。在亚特兰大市的很多地方你都会发现戈伊祖塔这个名字，例如亚特兰大芭蕾舞团、亚特兰大历史中心、佐治亚理工大学。这是因为罗伯特·戈伊祖塔（Roberto Goizueta）是亚特兰大市的一位慈善家。1960 年，戈伊祖塔和他的家人从古巴来到美国时，兜里只有 40 多美元。他从 1981 年到 1997 年去世前一直是可口可乐公司的董事长兼首席执行官。戈伊祖塔是可口可乐公司历史上最成功的首席执行官。他推出了健怡可乐，并将可口可乐品牌推向全球，使其利润翻了四番，股票市值从 40 亿美元增长到 1800 亿美元，增幅达 4400%。

1959 年至 1973 年间，数十万反对卡斯特罗的古巴人——也叫“古巴流亡者”——逃到了美国。他们中的大多数人在迈阿密定居[1]。我们前面提到过，这是一个典型的“三要素”文化面临崩溃的例子。在

1 后卡斯特罗时代的古巴移民潮主要有四次：1959 年至 1962 年间，大约有 20 万最初的流亡者进入美国［所谓的黄金流亡者（Golden Exiles）］；1965 年至 1973 年间，大约有 26 万人进入美国（当时允许美国人前往古巴并与亲属一同返回）；1980 年，超过 12.5 万人乘船进入美国［他们离开古巴的港口叫马列尔港，因此叫“马列尔偷渡事件”（the Marielitos）］；自 1994 年以来，每年约有 2 万人进入美国［从“救生筏”危机（“rafter” crisis）开始］。我们按照苏珊·埃克斯坦（Susan Eckstein）教授的说法，把 1980 年以前的移民称为“古巴流亡者”，把 20 世纪 90 年代开始的移民称为“新古巴人”（New Cubans）。2010 年，古巴裔美国人总人数大约为 176 万。

古巴，大多数流亡者都是中上级阶层人士，包括许多法官、专业人士、工程师、学者和大公司的白领。有些人家中有消夏别墅和艺术收藏品，他们在等级森严的社会里处于最高层。卡斯特罗不仅打败了他们，而且夺走了他们拥有的一切。除了对卡斯特罗心怀怨恨之外，他们在美国从事着卑微的工作，被当成下等种族或民族受到歧视，忍受着屈辱的刺痛。正如一位古巴历史学家所描写的那样，他们的“耻辱成了推动他们在经济领域争取成功的心理动力”。

他们确实成功了。在20世纪50年代，迈阿密基本上还是一个度假胜地和退休养老的地方，为冬季游客和东北地区南下避寒的人提供服务。如今，大迈阿密地区拥有1100多家跨国公司。这座城市成为一座全球性的经济中心，城市生产总值排名美国第11位；这里的商业活动蓬勃发展，而古巴裔美国人在其中起到了核心作用。

有些古巴流亡者在到达美国时已经占得了先机。1959年，糖业大亨阿方索·凡胡尔（Alfonso Fanjul）的土地被没收，但他还有足够的资金在佛罗里达购买了1600公顷土地重整旗鼓。今天，凡胡尔公司（仍然由凡胡尔家族控制）是世界上最大的糖业生产商，多米诺糖厂（Domino Sugar）是它的众多控股公司之一。与凡胡尔不同，百加得（Bacardi）家族（以及在古巴的其他部分商界精英）曾经兴高采烈地支持革命，甚至在哈瓦那附近的一家啤酒厂里为卡斯特罗举行了盛大的欢迎午宴——但卡斯特罗并没有出席。不到一年，卡斯特罗没收了百加得在古巴的所有资产。在离开古巴之前，这家人销毁了他们最宝贵的财产——一种用于朗姆酒发酵的独特酵母菌，只带出来刚好够用的一点，在波多黎各和墨西哥继续经营他们的朗姆酒王朝。

然而，大多数流亡者和罗伯特·戈伊祖塔一样，在到达美国时身无分文。自1961年起，古巴禁止移民离境时携带超过5美元的财产，同时要求他们放弃剩余的资产，上交国家。像戈伊祖塔一样，这些人里面有些人在商界取得了令人瞩目的成功。1960年，格达里奥·格林伯格（Gedalio Grinberg）逃到迈阿密；1983年，他买下了摩凡陀手表公司。如今，摩凡陀手表集团每年的净销售额达5亿美元，他的家庭成员仍然是控股股东（他的儿子是首席执行官）。卡洛斯·古铁雷斯（Carlos Gutierrez）6岁时随家人来到迈阿密时，完全不会说英语。他后来成为凯洛格公司（Kellogg）的首席执行官，并在2005年至2009年间担任美国商务部部长。1962年，10岁的拉夫·德·拉·维加（Ralph de la Vega）来到迈阿密。他是古巴一家杂货店老板的儿子，来到美国时没有家人，不会说英语，一贫如洗。他在回忆录《拥抱障碍》（*Obstacles Welcome*）一书中写道，他靠美国政府提供的装在“油漆罐大小”的容器里的“午餐肉味的罐头”活了下来，又靠打扫浴室供自己读完了大学。2008年，拉夫·德·拉·维加成为AT&T移动公司的首席执行官，该公司拥有6.5万名员工，无线业务年收入超过500亿美元。

人们经常指出，这些流亡者来到迈阿密的时候虽然很穷，但他们在古巴相对而言却属于特权阶层。他们有些人就读于哈瓦那最好的私立学校，有些人会说英语，有些人在美国度过假。但是，如果说这些移民下了飞机就直接进入美国的中产阶级，成为专业人士，则是完全错误的。大多数人刚来的时候不仅身无分文，而且“根本不知道……带他们的家人去哪里，更别说去哪里找工作了”。对于绝大多数人而言，他们的成功来自艰辛的劳作，忍辱负重，以及为子女做出的牺牲。曾经的企业高管去帮人家停车；曾经的法官去洗碗；曾经的医生去送报纸。以前从未工作过的妇女去做裁缝、酒店服务员，在迈阿密河边的仓库里拣虾——工作如此艰辛，他们干脆把那里叫作“西伯利亚”。正如一位移民所说：“我下定决心要把我的孩子变成中产阶级，哪怕必须打两份工也在所不惜——我已经这样做了14年了。”

这些描述听起来可能像过于励志的美国移民的成功故事，但正像古巴问题专家苏珊·埃克斯坦所说：“比起大多数拉丁美洲移民，实现了美国梦的古巴人更多。”到1997年，尽管古巴裔美国人只占西语裔美国人总数的5%，但80位最富有的西语裔美国千万富翁中，有32位是古巴人。到2004年，在美国出生的古巴裔美国人中，超过30%的人担任管理人员以及专业技术人员，而整个西语裔人口的这一比例只有18%。根据2002年的一项分析，年龄在18岁到24岁之间的古巴裔美国学生中，超过90%的人在大学里全日制学习。该报告称，这是美国所有种族中比例最高的。在这些流亡者来到美国后仅仅过了40年，古巴裔美国人的商业年收入就超过了古巴全国。

古巴裔美国人占迈阿密人口的近三分之一，他们也主导着迈阿密的政治进程。迈阿密-戴德县（Miami-Dade County）的县长（该州最有权势的职位之一）和迈阿密市市长都是古巴裔美国人，这些职位最近以来一直由古巴裔美国人担任。在全国范围内，2012年当选的三位拉美裔美国参议院议员特德·克鲁兹（Ted Cruz）、马可·卢比奥（Marco Rubio）和罗伯特·梅内德斯（Robert Menendez）都是古巴裔美国人。古巴裔演员和艺人更是家喻户晓，其中有安迪·加西亚（他的家族在猪湾事件[1]失败后搬到了迈阿密，并成立了一家价值百万美元的香水公司）、卡梅隆·迪亚兹、伊娃·门德斯（Eva Mendes）和葛洛丽亚·伊斯特芬（Gloria Estefan）。

在试图量化古巴裔美国人的成功时，重要的一点是将“流亡者”和1980年以后的古巴新移民加以区分。这些新移民来自更贫穷的家庭，其中有12.5万人是“马列尔偷渡事件”中的移民，还有数以万计的“古巴漂流者”，也就是“救生筏危机”中的移民，他们坐着临时搭建的“救生筏”漂过90英里[2]的海域来到美国。“古巴流亡者”大多数是白人,而“马列尔偷渡事件”和90年代后的“新古巴人”中，有相当一部分是黑人或者混血儿。

古巴裔美国人的“经济奇迹”主要是“流亡者”及其子女创造的。古巴在前卡斯特罗时代的社会阶层在美国得到了复制。“马列尔偷渡事件”中的移民和“新古巴人”经常受到“流亡者”的冷遇。他们在商界没有什么成就，在迈阿密的权力精英中也难觅踪迹。

因此,古巴裔美国人的故事是本难念的经。统计显示,“新古巴人”在某些方面的表现并不比其他西语裔美国人更好——在有些领域甚

1 猪湾事件（Bay of Pigs Invasion）是指1961年4月17日，在中央情报局的协助下逃往美国的古巴人，在古巴西南海岸猪湾向菲德尔·卡斯特罗领导的古巴革命政府发动的一次失败的入侵。猪湾事件标志着美国反古巴行动的第一个高峰。——译者注

2 1英里约等于1.6公里。——编者注

至更差。“马列尔偷渡事件”中的移民只有13%有大学学位，这一比例与其他西语裔美国人相当。大约70%到80%的“新古巴人”英语说得“不是很好”。他们的贫困率（65岁以下的成年贫困人口大约占15%；65岁以上的人中占40%）是流亡者的两倍。他们整体收入的中位数也低于其他西语裔美国人。

与此形成鲜明对照的是，“流亡者”在自我认同和银行账户方面都与美国其他西语裔群体拉开了差距。在美国，“流亡者”群体的表现不仅远远好于其他西语裔群体，而且截至1990年，“流亡者”在美国出生的子女中有37%年收入超过5万美元，而英裔美国人中只有18%做到了这一点。

“马列尔偷渡事件”中的非白人移民大多数选择在迈阿密以外的地方定居。许多人生活在纽约和洛杉矶，融入这些城市中大量的其他西语裔美国人之中。相比之下，“流亡者”生活在一个不断向上流动的世界中。繁荣兴旺的商业成功，迈阿密的高级私人俱乐部，巨大的政治影响力，以及在常春藤盟校不断增加的学生比例——这个群体可以理直气壮地夸耀自己已经跻身美国精英的行列。

与美国非移民黑人相比，某些西印度群岛和非裔的移民群体取得了非常大的成就，这个话题已经激烈争论过一段时间了。尽管在美国黑人群体中，移民只占8%[1]，但众所周知，他们在美国最好的大

1 2010年的人口普查显示，美国有320万黑人移民，但美国黑人的总人口为3840万。

学和华尔街的人数远远超出了这个比例。不过，出人意料的是，我们很难得到确切的数字。

例如，常春藤盟校每年都会宣布入学新生中“非裔美国人”的比例，但他们不会公布这些学生中有多少来自移民家庭，也不会提供他们的国籍信息。同样，一般来讲，投资银行对他们员工的信息也是守口如瓶，他们不会公开谈论有关他们雇员种族构成的任何信息。因此，研究人员只能依靠抽样调查的方法，有时还要仔细研究花名册，试图判断哪些姓氏“听起来像非洲人”。

普林斯顿大学的社会学家道格拉斯·梅西（Douglas Massey）在1999年对美国大学里的黑人移民数量进行了最全面、最可靠的调查。调查显示，在常春藤盟校的黑人新生中，41%的学生父母双方至少有一方是在国外出生的。2004年，哈佛大学教授小亨利·路易斯·盖茨（Henry Louis Gates Jr.）和拉尼·吉尼尔（Lani Guinier）均声称，根据他们的估算，哈佛大学的大多数黑人学生是移民或移民子女。今天，如果拿耶鲁法学院来做衡量标准的话，美国顶尖大学学生中第一代和第二代黑人移民的比例可能更高。

耶鲁法学院2011—2012级的一年级学生中，205名学生里有18名是黑人学生，他们都是黑人法学学生联合会（Black Law Students Association）的成员。在这18名学生中，只有两名是非裔美国人（我们勉强使用这个术语来指代既不是移民又不是移民后代的美国黑人）。其他16人中，3人是尼日利亚裔，2人是埃塞俄比亚裔，1人是利比里亚裔，1人是海地裔，1人是半埃塞俄比亚半犹太裔，1人是半海地半韩国裔，1 人是半牙买加半波多黎各裔，1 人是半巴拿马半非裔美国人，1 人是半瑞典半非裔美国人。在这 18 名学生中，有 12 名学生至少有一方父母是在国外出生的。

在黑人移民中，尼日利亚裔是最大、最成功的群体。2010 年，在美国大约有 26 万尼日利亚裔美国人，只占黑人总人口的 0.7%。然而在 2013 年，哈佛商学院 120 名黑人学生中就有 20% 到 25% 是尼日利亚裔美国人。早在 1999 年，在美国名牌大学的黑人学生中，尼日利亚裔美国人的比例就是其他黑人学生占比的 10 倍。

随着尼日利亚裔学生从这些学校毕业，可以预见，他们的未来前途无量。尼日利亚裔美国人在医疗领域的表现尤其出色。总体来说，在美国的黑人医生中，尼日利亚裔美国人可能占了 10% 左右。医疗领域甚至还可能不是尼日利亚裔美国人的真正强项。有一篇研究优秀的第二代尼日利亚裔移民的博士论文上说，与美国其他黑人相比，“尼日利亚裔主导了”投资银行。或者，这就像高盛集团的一位非裔美国分析师最近开玩笑说的那样：“如果我的人生经历只在高盛，我可能会觉得尼日利亚一定有 10 亿人口。因为我见到的黑人基本都是尼日利亚人。”此外，和他们在美国黑人总人口中所占的比例相比，尼日利亚裔美国人在美国顶级律师事务所中的比例至少是这一数字的 7 倍。

尼日利亚裔、加纳裔以及某些其他的非裔移民群体取得的成功延续了几十年前在美国西印度群岛的黑人移民中观察到的一种趋势。20 世纪 60 年代，美国最著名的几位民权和黑人权力活动家（Power activist)，包括马库斯·加维（Marcus Garvey）、马尔科姆·艾克斯（Malcolm X）、雪莉·奇泽姆（Shirley Chisholm）（美国首位黑人女议员）和斯托克利·卡迈克尔（Stokely Carmichael），都是西印度群岛的移民或他们的后裔。1999 年，在美国名牌大学的黑人学生中，只有牙买加裔移民比尼日利亚裔移民多。2001 年，两位牙买加移民的儿子科林·鲍威尔（Colin Powell）成为美国第一位黑人国务卿。在 1978 年将鲍威尔晋升为将军的是克利福德·亚历山大（Clifford Alexander），他是美国第一位黑人陆军部长，而亚历山大先生的父亲就是牙买加移民。几十年来，至少在美国北部各州，西印度群岛的移民和他们的后代“在商业、专业技术领域和政治精英中的代表超出了他们在人口中的占比”。

需要强调的是，西印度群岛的移民和来自非洲的移民在美国取得的成功并不完全相同，而且不管怎么说都无法与印度裔或者犹太裔美国人相提并论,后者是美国收入最高的群体。有些非裔移民群体，特别是来自索马里、苏丹或者其他有大量难民国家的移民群体，都是美国最贫穷的群体。虽然他们的收入高于全国平均水平，但即使是最成功的群体（迄今）也没有登上收入排行榜的榜首。

例如，在收入方面，尼日利亚裔美国人的表现大大超过了美国黑人，总体而言也超过了美国的平均水平。大约 25% 的尼日利亚裔家庭年收入超过 10 万美元，而整体美国黑人家庭年收入超过 10 万美元的只有 10.6%。5% 的尼日利亚裔家庭年收入超过 20 万美元，而整体美国黑人家庭中只有 1.3%。尼日利亚裔美国人的家庭年收入中位数是 5.8 万美元，而美国家庭年收入中位数是 5.1 万美元。2010 年，全职工作的尼日利亚裔男性年收入的中位数是 5 万美元，而美国本土出生的男性年收入的中位数是 4.6 万美元。

鉴于尼日利亚裔美国人获得大学及大学以上学位的比例是美国人中最高的，他们的收入仅略高于全国平均水平这一点反而更值得关注。这背后肯定有若干特定因素在起作用。首先，尼日利亚裔群体中包括相当数量的新移民及其子女。其中一些新移民非常穷（拉低了整体收入的统计数据），而且很多人正在读大学或者研究生阶段。因此，尼日利亚裔从教育中获得巨大回报的时期可能还未到来。但一个更大的因素很可能是歧视。非裔移民经常证实曾受到过种族歧视；数据反复显示，来自非洲的高技术移民最终只能从事非技术工作的人数远远超过其他移民（拉美裔移民除外）和其他美国人。

然而，尽管有这些原因，尼日利亚裔美国人的成功以及他们相比于整个黑人群体的杰出表现，对于本书来说是特别重要的。迪内希·杜泽（Dinesh D'Souza）等保守主义者认为，非裔美国人的贫困不是歧视的结果，而是一种“功能失调”的文化所导致的结果。这种文化包括“对种族主义阴谋的偏执妄想”和“把罪犯和歹徒当作真正的黑人来颂扬”。相反，一些自由主义者却断言，非裔美国人的贫困完全是种族主义造成的，无论这是不是公开的、隐蔽的还是结构性的种族主义，争论的双方都错了。

正如我们后面会谈到的，尼日利亚裔美国人和其他一些黑人移民团体也面临着与非裔美国人一样的制度障碍和偏见，但他们的成功很大程度上是文化的力量。尽管有诸多因素导致非裔美国人整体的社会经济地位下降，但“三要素”文化则是黑人移民成功背后的一个重要因素。然而，我们要汲取的教训并不是说土生土长的美国黑人的经济地位下降只能怪他们自己，我们要汲取的教训是，几个世纪以来，美国一直竭尽所能地从非裔美国人的文化中消灭“三要素”文化——至今仍在这么做。

2012 年 6 月，皮尤研究中心（Pew Research Center）发表了一份研究报告，名为《亚裔美国人的崛起》。在报告中，他们将亚裔描述为“美国收入最高、受教育程度最高、增长最快的种族群体”。

我们会像人口普查局（以及皮尤研究中心）那样使用“亚裔美国人”这一术语，代表所有“来自远东、东南亚或印度次大陆的”美国居民。但是对于本书的写作目的而言，亚裔美国人并不是一个很有用的分类，因为它包含了文化迥然不同的群体，其中就包括了两个在美国最成功的群体（印度裔和华裔美国人）和几个最贫穷的群体（比如老挝裔和柬埔寨裔美国人）[1]。

在最成功的亚裔美国人群体中，有一个广为人知的现象，就是

---

1 美国 6 个最大的亚裔群体是华裔（2010 年约 400 万）、菲律宾裔（340 万）、印度裔（320 万）、越南裔（170 万）、韩国裔（170 万）和日本裔（130 万）。其他人数较少的群体包括孟加拉裔、缅甸裔、柬埔寨裔、赫蒙族裔、印度尼西亚裔、老挝裔、巴基斯坦裔和泰裔。其中，柬埔寨裔和赫蒙族裔美国人的人均年收入不足 1.2 万美元，低于美国所有主要的种族或民族群体，他们当中有超过三分之一的子女生活在美国贫困线以下。合计下来，亚裔美国人占美国总人口的 5% 到 6%。

他们的年轻人取得的惊人成就：他们在各种著名的竞赛和奖励中一次又一次地名列前茅。例如，在过去的5年里，在被老布什称为“科学超级碗”的“英特尔少年科学天才奖”（Intel Science Talent Search）全国高中大奖赛中，50名获奖者中有23名是亚裔美国人。其中绝大多数是印度裔、华裔美国人，还有少数韩国裔美国人。

这些英特尔奖获奖者的简历甚至会让那些一般意义上的虎妈震惊不已。就拿2012年的决赛选手、得克萨斯州理查德森市的艾米·乔（Amy Chyao）为例。根据《纽约时报》报道，艾米把一个一氧化氮供体附着在二氧化钛纳米管上“合成了一个纳米颗粒。它本质上是一枚可以远程触发攻击癌细胞的炸弹”，这为化学治疗深部肿瘤提供了一种潜在的、非侵入式的替代方案。这位漂亮的17岁女孩作为合著者，在同行评审的期刊上发表过两篇文章。她的美国大学入学考试成绩优异，在她高中1473名学生中名列第一。她还是一位出色的大提琴手，并成立了一个非营利组织帮助移民儿童学习拼写。在英特尔奖的获奖者中可以找到数十份这样的简历。例如，一位演奏萨克斯管的华裔青少年发明了“苯丙酮尿症的治疗方法”，他同时还担任校报的主编。还有一位印度裔青少年“不同凡响地给出了首个奇完全数的解析下限”[1]，他还被加冕为返校节之王[2]。

在美国最优秀的音乐人培养计划中，亚裔和亚裔美国人占据了学

---

1 很多论著都表示并不存在奇完全数。此处的数学译法不一定正确，仅供参考。——译者注

2 返校节是美国许多高中、大学和教堂的传统，一年一度欢迎以前的学生和成员回来庆祝。返校节有很多活动，其中包括舞会、野餐、游行等。“返校节之王”活动是为上一年毕业的最优秀的男女学生加冕。——译者注

生总数的 30% 到 50%。在茱莉亚音乐学院（Juilliard School of Music），超过一半以上的学生是亚裔，其中最大的两个群体是华裔和韩国裔的小提琴手和钢琴手。四年一度的国际柴可夫斯基音乐比赛也许是世界上最负盛名的音乐比赛，这项赛事设有青年组单元，奖励小提琴、钢琴和大提琴的年轻音乐家。自 1992 年以来，在所有乐器类比赛中只有 4 名美国人获得过一等奖，他们的名字分别是艾米莉·谢，詹妮弗·高、赛丽娜·黄和诺亚·李。这些名字都是亚裔姓氏。

与此同时，印度裔美国人已经垄断了拼写大赛（Spelling Bee）的市场。1999 年，全美拼字比赛的获胜者是诺普尔·拉拉，一位来自佛罗里达州坦帕市的 14 岁的男孩。他的母亲是印度人，父亲是巴基斯坦裔的印度人。在纪录片《拼字比赛》（*Spellbound*）捧红了诺普尔以及娱乐与体育电视网（ESPN）开始直播拼字比赛决赛后，印度裔美国人开始认真对待这个比赛。2012 年，冠军和两名并列亚军都是印度裔美国人。这是印度裔美国人连续第 5 年夺得冠军了。

为了避免让人觉得亚裔美国人只在竞争激烈却狭窄的单一科目中表现优异，我们再来看一看美国总统学者奖（United States Presidential Scholars）。这个奖项每年针对美国 50 个州和哥伦比亚特区、波多黎各青少年各奖励一男一女，以及其他 37 个不限地区的代表，奖励的标准不仅基于学术成就，还有艺术成就、社区服务、领导力和对崇高理想的追求，等等。获奖者都是全面发展的个人。2012 年，该奖项的 141 位获奖者中，大约有 48 位亚裔美国人；在 2011 年，这个数字是 52。他们绝大多数都是华裔和印度裔美国人。

毋庸置疑，这些超级成功的亚裔美国青少年在标准化考试和名牌大学的录取方面都比其他群体表现出色。总体而言，亚裔美国人的 SAT 成绩比平均分高 143 分（总分 2400 分），比白人高 63 分，这个差距还在扩大。在全美的大学适龄人口中，亚裔学生占了 5%。但在大学生的比例中，亚裔在哈佛大学占了 19%，在耶鲁大学占了 16%，在普林斯顿大学占了 19%，在斯坦福大学占了 19%。事实上，如果仅仅依据美国优秀学生奖学金和 SAT 分数录取，这些比例还会更高。一些人相信，在常春藤盟校中存在一种隐形的“反亚裔招生偏见”。据说在加州理工学院，如果完全按照学术标准招生，亚裔学生会占到将近 40%。

说到成年人，印度裔美国家庭的年收入中位数是所有跟踪调查的族裔中最高的：每年 9.05 万美元（美国总人口的这一数字是 5.12 万美元）。高达 44% 的印度裔美国家庭年收入超过 10 万美元——同样在所有种族中是最高的，12% 的家庭年收入超过 20 万美元。（全美人口的数字：家庭年收入超过 10 万美元的为 21%，超过 20 万美元的为 4%。）与此同时，华裔美国人紧随其后，他们的家庭年收入中位数也很高，在高收入阶层中的占比比他们在总人口中的占比高得多。事实上，在美国的所有种族中，来自中国台湾移民的美国人的家庭年收入排名第二，仅次于印度裔美国人；他们个人收入的中位数甚至比印度裔还高。

到目前为止，印度裔美国人和华裔美国人取得的成功往往是比较传统的、以获得声望为主的成功，比如美国优秀学生奖学金、优秀毕业生代表以及名牌大学，等等。而且，东亚裔的美国音乐家通常演奏古典音乐，而不是爵士乐或摇滚乐，这也并非巧合。他们在专业领域里的成功同样集中在实用、稳定、“受人尊敬”和“令人钦佩”的领域。尽管听起来有些陈词滥调，但事实上，尽管年轻人的职业方向正在发生变化，但在工程和科学领域，亚裔美国人的比例依然非常高。自 1965 年以来，印度裔美国人获得了三次诺贝尔奖，华裔美国人获得了六次。

尽管许多华裔和印度裔的美国家庭特别重视学者气质，但这两个群体都在商业领域取得了明显的成功。雅虎联合创始人杨致远，美捷步的创始人谢家华，视频网站 YouTube 的联合创始人陈士骏，电子游戏吉他英雄（Guitar Hero）的联合创始人黄凯和风险投资家林君睿等都是华裔美国人。印度裔美国人的名单更令人印象深刻。博士音响（Bose）是由一位孟加拉裔移民的儿子阿玛尔·戈帕尔·博斯（Amar Gopal Bose）创立的，他在 2011 年的净资产估计为 10 亿美元。百事可乐公司的首席执行官卢英德（Indra Nooyi）是第一代印度移民。其他由美籍印度人担任或担任过首席执行官或总裁的公司包括：太阳微系统公司（Sun Microsystems）、万事达、联合航空、摩托罗拉、奥多比系统公司、花旗集团、花旗银行、汇丰北美、麦肯锡公司和全美航空。

与其他的亚裔美国人相比，印度裔美国人似乎更愿意在金融上承担高风险。另一位亿万富翁维诺德·科斯拉（Vinod Khosla），年轻时从印度来到美国读研究生，与他人共同创立了太阳微系统公司，并成为传奇的风险投资公司凯鹏华盈（Kleiner Perkins）的合伙人。科斯拉只是数十位印度裔的美国硅谷企业家之一。事实上，印度裔在硅谷创立的创业公司比任何一个移民群体都多，超过数量随后的3个移民群体（英国裔、中国裔和日本裔）的总和。

与其他亚裔移民相比，印度裔美国人在政治、公共领域和媒体的地位更为突出。路易斯安那州州长鲍比·金达尔（Bobby Jindal）获得了哈佛医学院和耶鲁法学院的入学通知，但最终选择以罗德学者[1]的身份进入牛津大学。妮基·黑利（Nikki Haley）的父母是锡克教移民，她成为南卡罗来纳州州长。登上《时代》杂志封面，有“华尔街瘟神”之称的普里特·巴拉拉（Preet Bharara）是纽约南区的联邦检察官。前《新闻周刊》国际版的编辑法里德·扎卡里亚（Fareed Zakaria）和艾美奖得主桑杰·古普塔博士（Dr. Sanjay Gupta）凭借自己的电视节目，都成了家喻户晓的人物。其他的印度裔美国公共知识分子包括《纽约客》撰稿人阿图·葛文德博士（Dr. Atul Gawande）和普利策奖得主悉达多·穆克吉博士（Dr. Siddhartha Mukherjee）。在2012年波士顿的颁奖典礼上，前者在介绍后者时开了个玩笑：“我估计自己已经把印度裔、罗德学者、哈佛医学院这些说法逼到了墙角。”

相比之下，华裔美国人的成功范围更受限制。优秀的华裔记者或者新闻评论员不是很多（也可能没有）。而且，进入美国公司高层

1 罗德奖学金，是世界上竞争最激烈的奖学金之一，得奖者被称为“罗德学者”（Rhodes Scholars），其评定标准包括学术表现、个人特质、领导能力、仁爱理念、勇敢精神和体能运动等多方面。——译者注

的华裔人数比例也明显偏低。截至 2013 年，《财富》杂志世界 500 强企业里有 5 名印度裔的首席执行官，但一个华裔美国人都没有。

在某种程度上，歧视和刻板印象或许可以解释华裔美国人在领导岗位上的短缺。但正如一些亚裔活动家指出的那样，部分问题可能还在于东亚文化中的一种倾向，即鼓励尊重权威，而不鼓励自我推销和敢于领导众人、承担责任的四分卫心态[1]。而在美国，四分卫心态被认为是成功领导力的必要条件。

关于这些话题，我们后面还有很多话要说，最重要的是，尽管印度裔和华裔美国人存在种种差异，但他们都是具有“三要素”特质的典型群体。在这两个群体中，“三要素”中的不安全感——不仅是经济上的，还包括社交和种族上的不安全感——驱使这些群体走向狭义的、以获取声望为主的成功之路。“三要素”文化向这些掣肘因素施加压力，推动群体不断向前。

“三要素”文化有个成长曲线。基本上，今天的华裔和印度裔美国人与两三代以前的犹太裔美国人处于同样的地位。超过 65% 的华裔成年美国人和 87% 的印度裔成年美国人是在国外出生的，这两个群体中超过 90% 的人是移民或是移民的子女。（相比之下，美国犹太裔成人中只有 15% 是在国外出生的。）华裔和印度裔移民父母并不是第一批希望自己的孩子成为医生而不是诗人的父母。但正如我们将要谈到的，当“三要素”文化的内在动力与美国社会产生碰撞时，

1 四分卫是美式橄榄球中组织进攻的核心球员。四分卫心态是指敢于领导、敢于负责的心态。——译者注

越来越多的华裔和印度裔美国年轻人会对他们的父母强加给他们的从众行为感到困惑和愤怒。

接下来我们谈谈犹太人。一般来说，谈论犹太人的财富比谈论任何其他的群体都困难得多。过去，对犹太人“控制了”经济的夸大言辞甚至是明显的误导，导致了歧视、种族隔离和一些历史上最严重的暴行。因此，尽管人们可以相对自由地研究诸如“只占 3% 的华裔少数人口却拥有国家 70% 的企业财富（在 20 世纪 90 年代，印度尼西亚就是这样）”这类现象，但着手查清甚至是讨论犹太人的经济影响力却要困难得多。美国人口普查局过去曾按宗教收集过数据，但这项工作在二战后基本停止了。如今，法律禁止在人口普查时强制询问个人信仰方面的问题。

但事实是，犹太人是典型的成功少数族裔。在古代，犹太人在经济上似乎并不特别成功，但从那以后他们就没失败过——至少在他们被赶出家园，必须独自谋生后就是如此。今天，世界上大约 43% 的犹太人（590 万）生活在以色列，大约 40% 的犹太人（540 万）生活在美国。犹太裔美国人占美国成年人口的近 1.7%。

无论以何种经济标准衡量，美国的犹太人在经济上都获得了超出人口占比的成功——当然除了“通过打高尔夫球积累的财富”（2010 年大师赛的 90 名选手中，几乎没有犹太人）。2011 年，全美薪酬最高的 10 位首席执行官中有 4 位是犹太人：迪士尼公司的罗伯特·艾格尔（Robert Iger）、蔻驰公司（Coach）的刘·法兰克福（Lew

Frankfort)、保罗公司（Polo）的拉夫·劳伦（Ralph Lauren），以及威瑞森电信公司（Verizon）的伊万·塞登伯格（Ivan Seidenberg）。（相较之下，并没有摩尔门教徒或亚裔美国人进入前10。）但与10位收入最高的对冲基金经理相比，这些首席执行官只能算是工资的奴隶。在2011年，收入最高的10位对冲基金经理中的4位也是犹太人：吉姆·西蒙斯（Jim Simons）——21亿美元；卡尔·伊坎（Carl Icahn）——20亿美元；史蒂夫·科恩（Steve Cohen）——6亿美元；布鲁斯·科夫纳（Bruce Kovner）——2.1亿美元。

2009年，一位记者数了数福布斯400富豪榜上的犹太裔人数：一共有139位犹太人，其中榜上前50名中有20位犹太人。在2011年的福布斯富豪榜上，靠房地产发了财的人中有60%到70%是犹太人。在40位承诺将一半财产捐给慈善机构的亿万富翁中，有20位是犹太人，这其中包括纽约市前市长迈克尔·布隆伯格（Michael Bloomberg）、传媒大亨巴里·迪勒（Barry Diller）以及迪勒的妻子，时装设计师黛安·冯芙丝汀宝（黛安以前是弗斯滕伯格王妃。她出生时叫黛安·阿尔芬，父亲是犹太裔罗马尼亚人，母亲是在大屠杀中幸存下来希腊犹太人）。

犹太人的成功远远超出了商业界和金融界的范畴。安东尼特·佩瑞剧院卓越奖（Antoinette Perry Award for Excellence in Theatre）更广为人知的名字是托尼奖，于1947年首次颁发。从那以后，69%的托尼奖获奖作曲家和70%的词作者都是犹太人。许多美国人最喜爱的喜剧演员不是查理·卓别林——这与人们普遍的想法相反，他们喜欢马克斯兄弟（Marx Brothers）、活宝三人组（Three Stooges）、杰克·本尼（Jack Benny）、杰里·刘易斯（Jerry Lewis）、贝特·迈德尔（Bette Midler）、伍迪·艾伦、杰瑞·宋飞（Jerry Seinfeld），以及最近的安迪·萨姆伯格（Andy Samberg）、乔恩·斯图尔特（Jon Stewart）、亚当·桑德勒（Adam Sandler）和萨拉·西尔弗曼（Sarah Silverman），这些都是犹太人。奥斯卡最佳导演奖得主中，37% 是犹太人。非小说类普利策奖得主中，51% 是犹太人（小说类得主中 13% 是犹太人）。

某些职业对犹太人似乎特别有吸引力。2007 年，路透社报道，美国有 29% 的精神病医生是犹太人，内科医生中也有 13% 是犹太人。早在 20 世纪 30 年代，犹太人就已经挤满了纽约市的律师事务所，据估计，当时纽约 65% 的律师是犹太人。今天，美国最高法院的 9 名大法官中有 3 位是犹太人。建筑行业的巨星理查德·迈耶（Richard Meier）、弗兰克·盖里（Frank Gehry）、丹尼尔·里伯斯金（Daniel Libeskind）和路易斯·卡恩（Louis Kahn）也都是犹太人。提供咨询建议是另一个犹太人喜欢的职业。安·兰德斯（Ann Landers）的原名叫埃斯特·波林·弗里德曼（Esther Pauline Friedman），她的孪生姐妹波琳·埃斯特·弗里德曼（Pauline Esther Friedman）以“阿比盖尔·范布伦”（Abigail Van Buren）这个名字开设了著名的报纸专栏《亲爱的艾比》（*Dear Abby*）；另一个著名报纸专栏《礼仪女士》（*Miss Manners*）的作者原名叫朱迪斯·帕尔曼（Judith Perlman），这几位都是犹太人。

由于人口普查不记录宗教信息，所以没有权威的数据评估犹太人的整体收入情况。美国犹太人中肯定有穷人，数目可能还在增加。根据美国犹太人协会最近发布的一份报告显示，纽约市近四分之一的犹太人家庭处于贫困之中。尽管如此，大量的研究证实，总体而言，犹太人的收入高于其他任何宗教团体或跟踪调查的各种民族或国籍出身的群体。2010 年，犹太人家庭年收入的中位数可能在 9.7 万至 9.8 万美元之间，几乎是全国家庭年收入中位数的两倍。（在跟踪调查的种族群体中，收入最高的是印度裔美国人。2010 年的家庭收入中位数约为 9.05 万美元。）几十年前的研究表明，犹太人的收入比新教徒高出 246%，比白人天主教徒高出 243%。皮尤研究中心的数据显示，2006 年，46% 的犹太家庭年收入至少为 10 万美元（这个比例也是美国所有宗教或种族群体中最高的）。在改革派犹太人[1]中，2006 年 55% 的家庭收入在 10 万美元以上；再看全国收入达到这个水平的家庭比例，这个数字是 18%。

犹太裔知识分子在政治生活中的各个方面都对美国的公众生活具有影响力。不论是 20 世纪 60 年代的新左派（New Left），还是几十年后的新保守主义运动，都深受犹太裔思想家的影响（在某些情况下，是同一个思想家）。今天，《纽约时报》主流观点的撰稿人中，有三位是犹太人：托马斯·弗里德曼（Thomas Friedman）、大卫·布鲁克斯

1 犹太教改革派，或称犹太教自由派、犹太教进步派，为犹太教在众多现代派别中，自认为是最进步的一派。这一派认为信仰须与时俱进，并经由自身经验与理论而得，而非从律法而来。——译者注

（David Brooks）、保罗·克鲁格曼（Paul Krugman）。从科学到人文科学，犹太人对美国学术界的非凡贡献都有详细记载。一位作者总结道："要找到一个没有犹太人在其中扮演重要角色的学术领域是不可能的。"

犹太人在好莱坞的突出地位也令人有些尴尬，许多犹太人甚至不愿意强调这一事实。记者乔尔·斯坦是个例外，他在2008年注意到：

> 几周前，当制片公司的头头们在《洛杉矶时报》上刊登整版广告时……那封公开信上的署名是：新闻集团总裁彼得·谢尔尼（犹太人），派拉蒙电影公司董事长布拉德·格雷（犹太人），华特迪士尼公司首席执行官罗伯特·艾格尔（犹太人），索尼影业董事长迈克尔·林盾（出乎意料，是荷兰犹太人），华纳兄弟公司主席巴里·迈耶（犹太人），哥伦比亚广播公司首席执行官莱斯利·穆恩维斯（当然是犹太人，他的叔祖父正是以色列第一任总理），米高梅公司主席哈利·斯隆（犹太人）和NBC环球公司首席执行官杰夫·朱克（还是犹太人）。如果温斯坦（Weinstein）兄弟中的一个也签了字的话，那这些人不但有能力叫停所有的电影制作，而且还达到了举行正式礼拜仪式的法定人数呢。

在世界范围内，虽然犹太人只占总人口的0.2%，但诺贝尔奖的所有得主中却有五分之一是犹太人。截至2007年，获得诺贝尔经济学奖的42位美国人中，有20位是犹太人，在那之后又有几个人获奖，其中包括克鲁格曼先生。犹太人大约占美国人口的 2%，但在获得诺贝尔奖的美国人中，犹太人大约占到 36%。

但是，犹太科学家在美国做出的最重要的贡献可能是在 20 世纪 40 年代。当时反犹主义的迫害导致大量科学人才逃离欧洲，美国成了一些历史上最伟大的物理学家的新家园，其中包括爱德华·特勒（被称为“氢弹之父”）、约翰·冯·诺依曼（博弈论的创始人，也是“曼哈顿计划”的主要成员），当然还有阿尔伯特·爱因斯坦。这些人与土生土长的犹太裔美国人罗伯特·奥本海默一起为美国赢得原子弹竞赛起到了关键作用。

就家庭收入的中位数而言，伊朗裔和黎巴嫩裔美国人也是美国最成功的按国籍出身划分的群体。在后面的章节中，我们将更详细地讨论这些群体。这里只简要地介绍一些信息。

伊朗移民来到美国的方式和欧洲移民不同。从 19 世纪中叶到 20 世纪初，在美国登记的伊朗移民只有 130 人。直到 20 世纪后期，他们才开始大量涌入。其中大部分是 1979 年革命[1]前的学生，随后出现了大批流亡者和难民，包括保皇党人和受迫害的少数民族。根据人口普查局的数字显示，他们的总人口大约为 45 万人。

进入美国的伊朗移民包括许多种族和宗教团体：肯定有什叶派穆斯林（Shiite Muslim），但也包括亚美尼亚人（Armenian）、亚述基督

1 指伊朗的伊斯兰革命。——译者注

徒（Assyrian Christian）、犹太人、库尔德人（Kurd）、土耳其人、琐罗亚斯德教徒（Zoroastrian）和巴哈伊教徒（Bahá'ís）。作为一个整体，他们总是倾向于保持低调：在20世纪80年代，这是因为人质危机[1]唤起了美国的敌意；后来是因为担心与穆斯林恐怖分子有什么瓜葛。但在洛杉矶的伊朗裔群体是个例外，它是美国目前最大的伊朗裔群体，也是真人秀节目《日落波斯国王》（*Shahs of Sunset*）的故事所在地。该剧以一群相对富裕的洛杉矶伊朗移民为主角，因为将他们塑造为“粗俗、物欲横流、喜欢炫耀”的刻板印象而受到了批评。

有一件事是《日落波斯国王》没有关注的，那就是伊朗裔美国人的学术成就。基于2000年人口普查数据的一项研究发现，超过四分之一25岁以上的伊朗裔美国人拥有研究生学位。报告称，这使他们成为“美国受教育程度最高的族群”，他们当中拥有博士学位的比例是全国人口占比的5倍。截至2010年，超过17%的人住在价值超过100万美元的房子里（相比之下，全国的这一数字是2.3%），这可能是所有跟踪调查的种族群体中比例最高的。他们的家庭收入中位数为6.8万美元（全国平均为5.1万美元），高于华裔美国人。三分之一家庭年收入超过10万美元，而全国的比例是五分之一。

黎巴嫩人会做生意是出了名的，他们是世界上最成功的移民群体。今天，尽管黎巴嫩首都贝鲁特还在暴力和宗派冲突中饱受煎熬，

1 伊朗人质危机，是指在1979年伊朗爆发伊斯兰革命后，美国驻伊朗大使馆被占领，66名美国外交官和平民被扣留为人质的危机。这场人质危机始于1979年11月4日，一直持续到1981年1月20日，长达444天。——译者注

来自墨西哥的黎巴嫩裔基督徒卡洛斯·斯利姆（Carlos Slim）却以730亿美元的净资产成为世界首富。尽管人数不多，但黎巴嫩少数族裔在拉丁美洲、西非和加勒比海地区都获得了远远超出他们人口占比的成功。

黎巴嫩移民来到美国主要有两次浪潮。1881年至1925年间，大约有10万人来到美国。他们主要是基督徒，虽然贫穷，但很有上进心。跟随着德裔犹太人一起，他们作为“背包小贩”迅速崛起，带着近100公斤的箱子挨家挨户地兜售丝带、珠宝以及童装等各种商品。很多人发了笔小财，最终开了杂货店和银行；不少人甚至成了百万富翁。相比之下，1967年后抵达美国的黎巴嫩人通常受教育程度高一些；他们中有许多人是为了躲避黎巴嫩内战或者阿以冲突，这同时也造成了黎巴嫩的人才流失。这些人当中除了基督徒，也包括穆斯林和德鲁兹派（Druze）。

今天，黎巴嫩裔美国人约为49.7万，与伊朗裔美国人的数量大致相当。黎巴嫩裔美国人的收入与伊朗裔美国人的收入也旗鼓相当。在美国的少数族裔群体中，黎巴嫩人的家庭收入中位数、收入超过10万美元的占比和收入超过20万美元的占比都接近榜首。

但是，黎巴嫩裔美国人的人口结构与众不同。伊朗裔美国人中有65%是在国外出生的，而黎巴嫩裔美国人中只有23%。事实上，大多数认为自己有黎巴嫩血统的美国人可能只有一半或四分之一的黎巴嫩血统。这种情况是真实存在的。例如，前白宫办公厅主任约翰·H. 苏努努（最多一半黎巴嫩血统）和他的儿子，新罕布什尔州前参议员约翰·E. 苏努努（最多四分之一黎巴嫩血统），后者在2008年竞选连任时被珍妮·沙欣击败。她是律师比尔·沙欣（四分之三黎巴嫩血统）的妻子。

在美国绝非仅有这些在这本章中讨论的群体获得了成功。许多其他种族和国籍出身的群体也获得了超出他们人口比例的成功。例如，我们还可以把日裔美国人包括进来，他们的收入明显高于全国平均水平；或者希腊裔美国人，他们在20世纪下半叶在经济上取得了显著增长，这是有目共睹的。这两个群体的收入中位数比我们关注的这些群体低不了多少。

在这一章的尾注中，我们还提供了一些细节资料，解释我们为什么选择这八个群体。简单来说，其中的五个群体是按照公认的标准选出的最成功的群体：犹太裔、印度裔、华裔、伊朗裔和黎巴嫩裔美国人。还有两个选出来的群体是在统计中表现略逊，但在更大范围内明显胜过他人的群体：尼日利亚裔移民（以及某些其他的非裔移民）的成功是独特的，因为其他的美国黑人相对比较贫穷。同样，古巴流亡者群体的成功也是独特的，因为其他的西语裔美国人也相对贫穷。最后选择的群体——摩尔门教徒，他们可能是美国最具经济活力的群体。在几十年的时间里，他们在商业界从平均水平甚至低于平均水平上升到了出类拔萃的境界。

本书的其余章节会试图解释这些群体获得如此成功背后的共同原因。

第三章
优越感

“让其他人都试着和我平等”与“我和其他人一样好”可谓天差地别。

前一句话是在表达一种优越感。在一个负面成见比比皆是的社会里，这句话带给少数族裔的信心弥足珍贵。

认为自己的群体更优秀，可能是人类文化中少有的一种共性。1906年，威廉·格雷厄姆·萨姆纳（William Graham Sumner）发明了"民族中心主义"（ethnocentrism）这一术语，他认为每个群体都受到这种恶习的折磨。今天，人类学家证实，人们总是情不自禁"把自己的群体（圈子内）看成是道德高尚的和高人一等的……把其他群体（圈子外）看成是行为卑劣的和低人一等的"，这是人类社会中普遍存在的一种"综合征"。

那么，所有的群体都有优越感吗[1]？答案是否定的。有些群体已经把他们具有优越感的往事尘封太久，以至于找不回来了（通常是

1 注意：我们在这里使用的"优越感"这个术语不同于阿尔弗雷德·阿德勒（Alfred Adler）使用的这个术语。通常认为（不过几乎可以肯定这是不正确的），是阿德勒发明了这个术语。对于他来讲，一旦自我欺骗的防御机制掩盖了更深层次的自卑感，就产生了"优越感"。在我们的用法中，只有群体或个人对自己的独特性有真正的、深刻的内在信念时，他们才被称为有"优越感"。有关来源，请参见尾注。

其他群体为了巩固自己的优势地位故意这么做的）；有些群体赞美自己的中庸之道，不高也不低；有些群体已经内化了现代的人人平等的原则，他们反感甚至压制群体的优越感；有些人可能声称自己的群体很特殊，但却是用卖惨的方式（例如，有史以来最受压迫的人民），这往往表明他们对自己的优越感缺乏信心。

但至少，在某些群体中，优越感比其他的群体更深刻、更强烈。美国每一个最成功的群体都是如此。

犹太人可能发明了“上帝的选民”这个概念。当然，所有人都知道犹太人认为自己是上帝的选民；3000 年来，它一直是灵感、嘲笑和模仿的来源。殖民地时期的美国人相信新英格兰就是新以色列；在此之前，奥利弗·克伦威尔（Oliver Cromwell）宣布自己是“以色列人”；更久以前，《圣经·新约》就告诉基督徒，他们现在是“上帝的选民”了。每多一个新“以色列人”，就多了一个新选民。它提醒着世界，犹太人对这一地位的诉求，要求承认他们的优先权——真要来得及倒好了。

犹太人对于上帝为什么选择了他们的理解总透着些许神秘之处。这并不是因为他们已经很伟大、很纯洁了。摩西告诉以色列人：“耶和华专爱你们，拣选你们，并非因你们的人数多于别民，原来你们的人数在万民中是最少的。”[1] 同时，这也不是因为他们内心的纯洁。

1　本书中《圣经》译文采用和合本译文。这段话出自《申命记》7:7。——译者注摩西带领以色列人在旷野中走了 40 年，他说："并不是因你的义。"在《旧约》中，有很多地方提到犹太人是"腐败的""扭曲的""愚蠢的""堕落的""不忠的"以及"毫无理性的民族"。

然而，尽管面对历史上大量相反的证据，尽管犹太人自己也质疑没有了"上帝的选民"这个概念的犹太人是否就不再是犹太人，但几千年来，犹太人仍然一直认为他们是上帝的选民。无论他们走到哪里，无论他们的生活多困苦，犹太人的孩子在犹太会堂里，在家里庆祝安息日的夜晚里，在圣日里整个社区的集会中，一直是听着这个说法长大的。("耶和华我们的神，宇宙的王，你是应当称颂的。因你拣选我们过于万民，又使我们超乎万民之上。")[1]

上帝只有一个，他是整个宇宙的创造者，而且他选择我们（不是你，也不是其他人）作为他的人民，"作属我的子民"（《出埃及记》19:5）[2]。这一想法是如此的厚颜无耻，直到今天仍然让许多人觉得如鲠在喉。1998 年诺贝尔文学奖获得者、葡萄牙小说家若泽·萨拉马戈（José Saramago）表示，犹太人是"被污染的"民族，原因就在于他们"荒谬而根深蒂固地'确信'……真的存在上帝的选民这回事"。深受爱戴并曾为电影《希腊人佐巴》（*Zorba the Greek*）配乐（并谱写了巴勒斯坦国歌）的希腊作曲家米基斯·塞奥佐拉基斯（Mikis Theodorakis），在一次接受以色列记者的采访时强调："你们觉得自己是上帝的子民，觉得自己是被选中的，这就是罪恶的根源。"

---

1 这是以色列人在光明节蜡烛仪式上的颂歌。歌词的译法有很多，这是其中一种。——译者注

2 此处为"和合本"。——译者注

但是，现代犹太人仍然相信他们是“上帝的选民”吗？这种“被选中”的感觉就意味着高人一等吗？

近代伟大的犹太哲学家一直对这些概念感到不安。斯宾诺莎（Spinoza）认为，从根本上说，“上帝没有当着一个民族的面选择了另一个民族”；他在23岁时被逐出教会。德国哲学家摩西·门德尔松[1]（作曲家费利克斯·门德尔松的祖父）在18世纪德国的反犹主义和犹太人同化[2]两股力量之间走钢丝。他认为上帝向犹太人揭示的是“律法”，而非“宗教”；犹太人并没有权利得到特别的救赎，或是任何永恒的宗教真理。

早期的犹太裔美国人对于犹太人是独一无二的天选之民这个概念感到特别矛盾。正如美国犹太学者阿诺德·艾森（Arnold Eisen）说的那样：“放弃上帝选民的概念，就等于放弃了存在的理由——这种理由长久以来维持着犹太人的身份和犹太人的信仰。而继续坚持这种主张，则是对美国弥足珍贵的接纳和收留提出的质疑，甚至是威胁。”20世纪20年代，一位美国拉比创立了犹太教重建派[3]，宣布放弃“上帝的选民”这一主张，因为它与民主、平等不相容。犹太

1 摩西·门德尔松（1729—1786）是一位德国犹太哲学家，倡导哈斯卡拉运动（18—19世纪的犹太启蒙运动）。尽管实际上他本人践行犹太教正统派，他通常被认为是犹太教改革派之父。——译者注

2 犹太人同化是指犹太人在其所处的文化环境中逐渐被同化和融入的过程。它是一种解决犹太人边缘化的尝试。——译者注

3 犹太教重建派（Reconstructionist Judaism）是一个现代犹太人运动，将犹太教视为一个逐渐发展的文明。这一教派基于莫德采科普兰的概念发展，原本是犹太教保守派内部的一个流派，自20世纪20年代后期开始发展，并在1955年自保守派分离，在1967年创建了拉比学院。在美国和加拿大有超过100个犹太会堂属于犹太教重建派。——译者注

教改革派则认为，犹太人的“使命”是“见证上帝的存在”，虽没有明言放弃，也并不强调选民这回事了。

但即便天选之民这一概念逐渐衰落，也鲜有犹太人愿意放弃自己是个独特民族的想法。弗洛伊德在写到犹太人时说：“毫无疑问，他们总是自视甚高，他们总觉得自己……比别的民族强。”随着犹太裔美国人在20世纪初的声名鹊起，他们越来越敢于表现出这种优越感了。1915年，即将成为美国最高法院大法官的路易斯·布兰代斯（Louis Brandeis）在纽约市的一次演讲中发表了一篇不同寻常的声明：

> 世界上有哪个民族……有高贵的过去？有哪些共同的观点更值得表达？……在世界上的所有民族中，有两个人数很少的民族对我们的现代文明做出了卓越的贡献，它们就是希腊民族和犹太民族。犹太人给世界带来了最伟大的三个宗教、对律法的最高敬畏以及最高的道德标准……我们对律法的概念都体现在了美国的宪法中。

对于布兰代斯而言，犹太人长期遭受的苦难对他们有好处。他还说，“迫害扩展了”犹太人的“同情心”，培养了“他们忍耐、自制和牺牲的精神……也加深了人们对正义的激情”。

犹太人在历史上具有独特地位的说法，使得“天选之民”这个概念变得可有可无。奥地利出生的犹太裔哲学家马丁·布伯（Martin Buber）认为，“问题不在于我们是否觉得自己是天选之民，问题在于我们在历史上的作用是不是独一无二的”。这种历史独特性的感觉，似乎已经被3000年来的生生不息和辉煌成就所证明，在世界各地犹太文化的血脉中跳动。

但独特性是一把双刃剑。当代美国作家迈克尔·夏邦曾描述过犹太人例外论（Jewish exceptionalism）中的“基本歧义”：既是“宝藏”又是“诅咒”；既是“祝福”又是“负担”；“被分开可能预示着救赎，但也可能预示着灭绝。这种事在我们的历史上发生了太多次——被选中就意味着被清除。”但是，在一些犹太领袖看来——特别是在美国，从20世纪70年代开始，即使是纳粹大屠杀也是犹太人优越性的一种扭曲的象征。在很多其他的犹太人，比如历史学家彼得·诺维克（Peter Novick）的眼里，他们是在“违反常理地神化”奥斯威辛集中营，是在和其他群体竞争“谁受的罪多”，表现得好像他们“几乎为大屠杀感到自豪”。

如今，大多数美国犹太人都会出于礼貌，对英国前首席拉比萨克斯勋爵（Lord Sacks）的观点表示认同。他在2001年曾谴责“犹太人的优越性”和“犹太人的劣等性”的争论双方，认为这二者是“同一枚硬币的两面”。但他们也会从《犹太天才》（*Jewish Genius*）这样的文章中获得更大的满足——只不过是在私下里悄悄为之。2007年，美国学者查尔斯·默里（Charles Murray）在这篇文章中列出了犹太人在“艺术、科学、法律、医学、金融、企业家创新和媒体领域的高层”中“过于奢侈”的地位。

2009年，70%的以色列犹太人承认，他们仍然相信犹太人是上帝的选民。对于美国犹太人来说，因为只有不到一半的人说他们信仰上帝，这个比例不可能会这么高。但即使对于没有神学信仰的人来说，犹太人的独特性也常常是他们所受教育的一部分。有些人把这种独特性定位在犹太人对正义、法律或者道德上的承诺上；有些人定位在犹太人的坚持质疑上；还有些人定位在犹太人的智力成就上。

或者，根据小说家菲利普·罗斯（Philip Roth）的说法，这种独特性的感觉可能没有什么清晰的依据。罗斯说，美国犹太人从他们的父母那里继承来的“不是律法，不是学问，不是语言，而且也不是上帝”，而是“一种心理状态，一种没有内容的心理状态”，一言以蔽之：“犹太人更好。”他补充道：“他们有一种特殊的感觉。从这个起点开始，由你来创造自身的独特之处；来发现自身固有的优点。”不管是基于上帝的选择、历史、智慧、道德，还是一种“没有内容的心理状态”，3000多年来，犹太人一直觉得自己与众不同，而且这种感觉不太可能在短时间内消失。

从历史上来看，和犹太人一样，摩尔门教徒的优越感也是建立在“上帝的选民”这个观念之上的，只是少了焦虑。

摩尔门教徒并不讳言他们学的是犹太人。摩尔门教的领袖称他们的社区为“以色列”，犹他州的盐湖谷是“锡安”，摩尔门教预言要建立一个“新耶路撒冷”。摩尔门教的杨百翰[1]就是他们的摩西；

---

1 杨百翰，又译布里根姆·扬（Brigham Young，1801—1877）。在耶稣基督后期圣徒教会创始人约瑟夫·史密斯去世后，担任教会首领一职。他率领耶稣基督后期圣徒教会的教友长途跋涉来到盐湖城并定居下来。普若佛的杨百翰大学，即由他的名字命名。——译者注

他们的“出埃及记”就是追随杨百翰，艰苦跋涉，穿越美国的荒野，逃离那些迫害他们并杀害了他们的先知约瑟·斯密的敌人。每一个摩尔门教徒的孩子都知道，1838 年，密苏里州州长利尔伯恩·博格斯（Lilburn Boggs）颁布了针对摩尔门教徒的“灭绝令”。

但就其信仰、起源和精神而言，摩尔门教与犹太教的关系远远不如与美国的命定扩张论[1]之间的关系紧密。创始人斯密经常被描绘成一个“宗教天才”，他本质上是从美国在世界上的天赐地位出发，创立了一个教会，并改写基督教《圣经》以符合这个观点。对于史密斯来讲，这不过是揭示了以前从未怀疑过的真相：伊甸园实际上位于密苏里州的杰克逊郡；亚当和夏娃曾经生活在美国；有一群以色列人在公元前 600 年左右航行到西半球；而基督本人，在复活之后来到美洲；基督的追随者和他的敌人展开了一场大战，战火蔓延到整个美洲大陆；真正的基督教福音书保存在美国，记录在埋在纽约上城区的金页片里；基督将在再临时返回美国。斯密宣布，“整个美国就是锡安”，他就是这里的先知和领袖。

因此，摩尔门教从创立伊始就注入了美国例外论（American exceptionalism）——注入了美国对自己的信心，也就是摩尔门教学者马修·鲍曼（Matthew Bowman）称之为美国式的“业余选手的自信”——即使在摩尔门教徒发现自己遭到美国同胞的排斥、拒绝和攻击之后，依然如此。当摩尔门教徒乘着大篷车穿越美国时，

1 命定扩张论（manifest destiny，或译为“天命论”“天赋使命论”“天命昭彰论”）是 19 世纪美国所持的一种信念，认为美国被赋予了向西扩张至横跨北美洲大陆的天命。——译者注

他们勇敢地面对响尾蛇、发烧、饥饿和宽度超过 1.5 千米的密西西比河，这为他们本已是“典型的美国宗教”增添了开拓精神。在向西的长途跋涉中，他们吃的不是吗哪（manna）或薄饼[1]，而是硬面包和咸肉。

在这片与世隔绝的盐湖谷中，摩尔门教徒获得了拯救，这更坚定了他们是天选之民的信心。美国背弃了真正的宗教；整个基督教世界都陷入了一场“大叛教”（Great Apostasy）之中。只有他们才是基督在世上真正的教会。上帝把他的牧师、他的真理和救赎人类的使命只托付给了他们，期待着即将到来的基督再临。这种作为上帝末日特使的自我认同，一直是摩尔门教徒的核心身份。

摩尔门教徒相信，他们能够而且也确实直接收到了神圣的交流和启示。每一个 12 岁以上的摩尔门教男性都可以获得“牧师职位”，使他能够“获得上帝的力量，以此来治病、驱魔、祝福以及奉献”。摩尔门教徒要“传教”，向全人类传播福音。他们很擅长干这个。世界各地的摩尔门教堂如雨后春笋般出现——一旦奉献给了上帝，非摩尔门教徒就不能进入了。

虽然一些基督徒认为摩尔门教不是一种基督教信仰，但摩尔门教徒坚信，他们是基督的追随者，向他祈祷，尊他的名为圣，并相信赎罪和复活。但是除了用自己的经文补充《圣经》之外，摩尔门教还偏离了大多数基督教教派的关键神学观点（这也正如许多基督

1 吗哪是指古代以色列人在经过荒野时所得的天赐食粮；薄饼是指犹太人在逾越节期间吃的一种不发酵的硬面饼。——译者注

教教派之间彼此的偏离程度）。

这当中尤其要数摩尔门教徒拒绝原罪论（doctrine of original sin）。哥伦比亚大学教授（同时也是摩尔门教徒）克劳迪娅·布什曼（Claudia Bushman）写道："与其他的基督徒不同，他们认为自己摆脱了使人类堕落的原罪。"事实上，摩尔门教神学否定了基督教通常认为的人与上帝之间的绝对二元论，认为上帝是一个有形的、本质上像人类的人。反过来，人也可以分享上帝的神性。所以，正如摩尔门教的领袖 B. H. 罗伯茨在 1903 年所说，摩尔门教认为"与上帝平等不是抢劫"。即使在今天，摩尔门教徒普遍认为，如果他们在此生被证明是有价值的，他们在来生也将会"继承自己的神性"。

摩尔门教徒以一种毫不张扬的方式，对来生有着超乎寻常的信心。他们把自己的家庭看作是命中注定的单元，不仅现在，而且从此以后注定都在一起。一个特殊的第三层天堂——"高荣国度"正等着他们。在那里，那些接受了摩尔门教徒所谓的"福音圆满"的人，将在来世与他们在前世的家人团聚。

但当代摩尔门教徒的优越感中，最重要的要素是道德。就他们与美国主流的道德观念和"家庭价值观"的关系而言，摩尔门教徒已经彻底扭转了历史局面。在 19 世纪的大部分时间里，摩尔门教徒都公开实行一夫多妻制。事实上，早期的摩尔门教神学似乎把一个人妻子的数量作为他提升的标志，可以使他更接近神。（杨百翰有 27 位至 55 位妻子，斯密大概有 30 位。）在美国当局的巨大压力下，教会最终于 1890 年宣布放弃一夫多妻制，并于 1904 年再次否定了这个制度。

只要摩尔门教徒接受一夫多妻制，美国人就会认为他们淫乱、变态、不道德。今天，摩尔门教徒的家庭节俭、稳定，孩子衣着得体、整洁，他们凭借这些反而可以把美国看成是充满淫乱和不道德的国度。从摩尔门教的角度来看，正如克劳迪娅·布什曼所说的那样，摩尔门教“是道德沦丧海洋中的孤岛”。

所以今天，摩尔门教的例外论较少关注在美国的命定扩张论上，而更多地关注在道德和使命上。在摩尔门教会的主日学校里，你可能会听到孩子们在唱：“我是上帝的孩子，他把我送到这里来。”摩尔门教的孩子们通过这首圣歌学习到他们与上帝的独特关系。它同时还切中了上帝的血统和上帝的使命这两个关键主题。每一代摩尔门教徒都被教导说，他们是这个世界一直在等待的人。6000 年来，上帝一直留着他的“珍宝”，直到现在才把他们放在地球上，来救赎人类。20 世纪 70 到 80 年代，教会主席埃兹拉 · 塔夫脱 · 本森（Ezra Taft Benson）曾经这样告诉年轻的摩尔门教徒：

> 在近 6000 年的时间里，上帝一直留着你们，让你们在基督再临前的最后的日子里出现……上帝已经为最后一击留下了他最强壮的孩子们，他们将协助上帝胜利夺回这个王国……你们这一代人必须做好准备，去迎接你们的上帝。

2012年夏天，迈阿密人气博主、播主、YouTube网红佩佩·毕耶特（Pepe Billete）在网络上发表了一篇文章，题目为《我不是拉美裔，我不是西语裔，我是古巴裔美国人！》

> 我不了解你，但是，每次我听到有人说我是“西语裔”或是“拉美裔”的时候，我都想说：me dan ganas de meterle una pata por culo a alguin！[1]我的回答总是一样的……我是古巴裔美国人，你这个omemierda[2]！
>
> 是的，唯一让我比作为迈阿密人更自豪的就是——我是个古巴裔美国人。

接下来是一段慷慨陈词，说明“西语裔”这个词从来没有用在西班牙人身上，西班牙人都被称为“欧洲人”或“西班牙人”。之后，佩佩接着说：

> 事实上，在美国的大部分地区，当人们说“西语裔”或者“拉美裔”的时候，他们真正的意思是“墨西哥人”。是的，网友们，100%都是这样……对我来说，这可……太他妈讨厌了。古巴人和墨西哥人来自两种非常不同的文化，在美国有着非常不同的经历。每次我打开新闻看到一些关于“西语裔”的统计数字，

1 这是一句西班牙习语，意思是“我真想踢这些人的屁股”。其中，“Alguin”应该为“alguien”。

2 这个古巴短语的字面翻译为“拉屎的人”，但大致相当于“白痴”“浑蛋”或“蠢蛋”。

我觉得这些 que eso scomemierdas 不是在说我的同胞，coño[1]！

公平地说，佩佩实际上也是受人操纵的，他的真实身份是个谜。他还小心翼翼地补充说，他的目的“不是在宣扬古巴人比其他群体‘更好’的观念”。尽管如此，这篇文章在迈阿密的古巴裔群体中被大量转载和转发，也激起了许多非古巴裔的西语裔美国人的愤怒。佩佩表达了一种大多数古巴裔美国人可能都有的情绪。一位杰出的迈阿密商人解释道：

> 古巴裔是个不同的群体。我们不是拉美裔美国人，我们不是加勒比裔美国人，我们是古巴人。我们与其他拉美裔美国人不同，与美国其他的西语裔群体也不同，我们并不认为自己是移民。我是一个“流亡者”。我不是因为经济原因离开古巴的，我是因为政治原因离开古巴的。我离开是因为我不得不离开。

古巴人对自己独特性的认识早在卡斯特罗执政之前就有了。出生于古巴的吉列尔莫·格雷涅尔（Guillermo Grenier）教授和利桑德罗·佩雷斯（Lisandro Perez）教授表示，从“殖民时代”到前卡斯特罗时期，古巴人“一直认为自己在世界秩序中占有独一无二的特权地位”。“与拉丁美洲和加勒比海的邻居们相比”，他们产生了一种强

1 que eso scomemierdas 意思是“吃白饭的”，coño 是一句骂人话。——译者注

烈的“与众不同和自命不凡”的感觉。

对外人来讲，理解古巴人为什么认为自己的祖国如此与众不同有些难度。古巴人在这一点上的说法有时候自相矛盾，有时候令人费解。例如，古巴是拉丁美洲里“最具西班牙特色”的国家；古巴是拉丁美洲里“最像非洲”的国家；古巴“可能是拉丁美洲里唯一在民族意识中……彻底抹去了原住民文化的国家”；古巴在西班牙帝国中具有独特的价值，因为它的深水港和完美的地理位置，使它成为“美洲的关键”；古巴是和美国最像的拉丁美洲国家。

不管这些解释是什么，古巴人的例外论都可以和摩尔门教的例外论一拼高下。在 1962 年的“皮特·潘行动”[1] 中，后来成为历史学家的卡洛斯·艾尔（Carlos Eire）就是那次行动中被美国空运出古巴的 14 000 名儿童之一。他回忆起在哈瓦那的童年时代，他的老师在讨论到哥伦布“踏上古巴”时说过的话时，课堂上是这样的：

> 米格尔直视着老师的眼睛，回答道：“哥伦布说过，‘这是人类所见过的最美丽的土地’。”
>
> “说得太好了。我很高兴……你们当中至少有些人家教很好，在今天上课之前，就听家里人告诉过你们这些。知道吗？哥伦布说的这些话非常非常重要。这可能是关于我们这个岛屿最重

1 皮特·潘行动（Operation Pedro Pan）是 1960 年至 1962 年间，14 000 多名古巴未成年人逃往美国的大规模行动。天主教神父布莱恩·沃尔什主持了这个计划，为古巴儿童提供飞往美国的航空运输。这次行动是当时西半球规模最大的一次难民潮。——译者注

要的话，也是最真实的话。”

“是的，古巴是一个天堂，”没等被问到，拉米罗就说了起来……“我爸爸告诉我，伊甸园就在古巴，亚当和夏娃不仅是最早的人类，也是最早的古巴人，所以整个人类都算是古巴人。他还说，这就是我们这里没有任何有毒的爬行动物的原因。”

“的确，拉米罗，古巴是一个天堂，它很可能是最初的天堂——伊甸园。你们中有多少人听到过这个？”

很多人都举起了手。

“是的，古巴是一个天堂。在地球上再没有其他地方和古巴一样可爱。所以，你们应该为你们的国家感到骄傲。”

古巴人的优越感在流亡者群体（1959年至1973年间逃离古巴的人）中尤为强烈。在古巴等级分明的社会中，大多数流亡者的种族和阶级背景已经让他们有了权利意识和优越感。他们中绝大多数人都是中产阶级以及上层阶级的白人，其中包括了古巴一些最显赫的家族。与百加得家族以及罗伯特·戈伊祖塔一样，埃尔也来自“古巴社会的精英阶层”。他的父亲是一位著名的法官兼艺术品收藏家——在他们的客厅里挂着一幅穆里罗[1]的圣婴画像，他父母成长的家庭中还有奴隶。

不管有多穷，那些来到迈阿密的古巴流亡者从未将自己与美国

1 即巴托洛梅·埃斯特班·穆里罗，巴洛克时期西班牙画家，尤以宗教题材画著名。——译者注

其他相对贫穷的西语裔群体视为一类人——实际上，他们从不和那些人来往。古巴出生的米格尔·德·拉·托雷（Miguel de la Torre）教授写道，大多数古巴流亡者的孩子“都是由他们的父母和整个流亡者群体教育的，他们在某种程度上和其他的西语裔，特别是波多黎各裔和墨西哥裔群体不一样。他们从小就被灌输要以他们的传统为荣这样的信念，这些孩子在无意识中学会了永远不要让任何人把他们和其他的拉美裔混为一谈。事实上，古巴人认为自己在智力、商业头脑和常识方面即使不比北美人强，至少也与他们不相上下”。流亡者建立的飞地最终成为充满活力、繁荣兴旺的“小哈瓦那”，迈阿密也成了世界上“第二大的古巴城市”。

这让我们回到了佩佩的言论。在第一批流亡者抵达美国的50年后，他们带来的古巴人的自豪感在今天的古巴裔美国人身上仍然强大。这种与众不同的自我定义让他们在其他拉美裔群体中声名狼藉。2010年，一篇在互联网上广为流传的文章称，古巴的流亡者“是世界上仅有的在三分之一个世纪里没有丧失身份的全球移民（除了犹太人）”。这种说法太过夸张——古巴人和犹太人并不是唯一保留了自己身份的流散人口，但还是说明了一些问题。这种比较也并非完全不恰当。与《圣经》中的犹太人一样，古巴裔美国人也为自己创造了一个身份，即被逐出应许之地的特殊民族。

讽刺的是，这些对自己独特性的声明看起来都一样。美国所有获得超出人口占比的成功群体都有一种优越感；事实上，大多数群体都因此而出名。在亚洲，每个人都知道中国人的优越感。这种优越感根深蒂固，面对几个世纪的衰落，依然像高山岩石一般屹立不倒。现在，随着中国的快速崛起，这种优越感也随之迅速提升。在中东，伊朗人的优越感也同样引人注目。

我们将把其中的细节和其他群体的优越感留给后面的章节，在那里我们将谈到它们如何作为“三要素”文化中的一部分发挥作用。在这里，我们把焦点转到一个相反但同样重要的问题上：在美国一个相对不太成功的群体中，优越感的缺失。在美国，任何关于优势和劣势的讨论，如果不涉及敏感的种族问题，都是不完整的。我们现在就开始分析。

在历史上，美国几乎做了一个国家能做的一切来为白人创造优越感，而为其他人种创造相反的感觉，包括道德上、智力上、政治上和经济上的方方面面。白人至上主义（white supremacy）歧视机会均等，专门针对所有的非白人，包括美国的原住民、华人苦力以及墨西哥劳工。然而，几个世纪以来，白人优越感的核心推论就是黑人劣等。一次又一次，非裔美国人试图驳斥和反击美国强加给他们的劣等性描述，但它的影响依然存在。

在奥巴马总统的第一次就职典礼上献诗的伊丽莎白·亚历山大写道，美国黑人当然不是一件事：“不是一件事，不是十件事，也不是一万件事。”在美国一切可能的社会经济地位中，都有黑人家庭和黑人群体的身影。在东海岸，在芝加哥，在加利福尼亚，都有一些历史悠久的黑人“贵族”，他们确实有很强的优越感——这种优越感非常强烈，能追溯到几代人以前。但这并不是大多数非裔美国人成长的环境。

说唱歌手、唱片制作人、时尚大亨、第二富有的非裔美国人、嘻哈界最富有的人——“吹牛老爹”肖恩·库姆斯（Sean Diddy Combs）谈论正在美国长大的黑人时是这么说的：

> 真正让人震惊的是当“大个子”〔Biggie，说唱歌手“声名狼藉先生”（The Notorious B.I.G.）〕承认，作为一个黑人青年，生活在美国让人恨不得想自杀……
>
> 如果研究黑人的历史，你会发现，它实在是太负面了。就好像：好吧，我们是奴隶，然后我们被鞭子打，被水管喷；还有民权运动；还有我们是美国黑帮。我渴望让人们看到我们的才华。在我的时尚中，这是我一直想要的正道……我宁愿让孩子们看到财富，也不愿让他们总是在电视里看到我们住在廉租房里的画面。

文化从来都不是决定性的。一个人可以反抗最具统治力的文化，书写自己的故事，就像“吹牛老爹”库姆斯做的那样。家庭和整个群体都可以创造出充满自豪感的故事，对抗社会的主流叙事，或者直接推翻这些故事，改变其中的内涵。正如一位成功的非裔美国律师说的那样：

> 我从小就知道，在美国，仅仅因为我是一名黑人女性，我就必须付出双倍的努力才能得到一半的回报。父母对我的期望很高。当事情看起来不公平时，他们就会向我重复我那些祖先奋斗和牺牲的故事。简而言之：你的曾曾曾祖父母是奴隶——还有什么障碍是你不能克服的？

在任何一个家庭里，不同寻常的强势父母甚至是祖父母都能教给孩子“三要素”中的每一个文化特质。但是，当你并不来自“三要素”文化的群体，那想建立一个具有“三要素”特质的家庭就会难上加难。它需要更多的努力，更多的精神资源。假以时日，非凡的个体很有可能改变社会对他所在群体的主流叙事。但在如今，事实就是，尽管取得了像 2008 年总统大选这样的历史性突破，但委婉地说，大多数的非裔美国人仍然没有在群体优越感的熏陶下长大。

这种文化事实，再加上美国其他棘手的种族和阶级问题，助长了贫困的循环。正如美国学者尼古拉斯·鲍尔斯（Nicholas Powers）那段令人难忘的描述：

> 你出生在一个单亲家庭，母亲是上千万贫困黑人中的一员。你 5 岁之前就从电视上、闲谈里或音乐中得知黑人等于劣等，白人等于高等。潜意识里，你的皮肤成为你的负担……你会听到家里的亲戚因吸毒入狱的故事，那些你从未见过的人刚被释

放……你的偶像是那些在说唱视频中长得像你的人，饶舌地唱着如何杀人、偷窃和购买毒品。你举手投足都不像有钱人。你知道在哪里买毒品。

你毕业了，却没有工作……你试图做一笔毒品买卖，赚点外快……你一次又一次地被抓，终于进了牢房……几年过去了，你出来了。没有人会雇用你，没有人会让你住进他们的公寓，这不合规定。你有时会在火车上乞讨，但当你撞见亲戚时，你会羞愧地跑开。

显然，鲍尔斯和库姆斯一样，只在一个层面上谈了美国城市里的黑人群体。但在美国社会各个阶层中的非裔美国人，包括那些最成功的人，都反复证明了作为美国黑人的内在负担，以及“在不得不屈尊俯就（这算是最好的情况）时”想要成功所需要的“纯粹的意志力”。

但如果认为缺乏群体优越感导致了非裔美国人的贫困，那就太荒谬了。从历史上来看，美国黑人贫困的原因几乎不需要赘述：奴隶制、暴力、拆散家庭、驱逐、系统性歧视，等等。今天，许多因素导致了黑人持续贫困，包括学校教育的失败，银行拒绝贷款，雇主不肯雇用或是提拔，以及这个国家三分之一黑人青年男性在监狱里服刑或者在假释中的事实。同时，群体优越感的丧失也不会阻止任何特定的非裔美国人取得成功。它只是设置了一个额外的障碍，一个心理和文化上的劣势，这在美国最成功的群体中是没有的。

此外，“三要素”理论还允许从另一个角度进行观察，观察的结果更难处理，甚至更难承认。

至少从 20 世纪 60 年代布朗诉托皮卡教育局案和民权法案开始，美国官方的种族咒语就一直是平等。你可以批评美国的平等理想没有实现——有些人甚至会说它是伪善的——但它的前提是明确和高尚的。每个人都是平等的；每个种族都是平等的；每个群体都和其他群体一样好。

但这背后有个肮脏的秘密，在美国获得巨大成功的群体可不会告诉自己“我们和其他人一样好”。他们会告诉自己，“我们更好”。

从这个相互矛盾的意义上讲，平等对于非裔美国人是不公平的。美国一直无情地拒绝或碾碎黑人群体中带有优越感的历史叙事，不仅在旧的奴隶制和种族歧视的时代，在新的平等时代也是如此，人人都必须臣服于种族群体无区别的大旗之下的时代。从美洲殖民者购买第一批非洲俘虏开始，到平权运动、白人内疚感[1]再到大规模监禁，美国“我们是优秀的民族”这个信念中一直刻意地否定黑人。

对于一个历史上长期有优越感的群体来说，宣誓效忠普遍平等的理念是一回事。毕竟，一个群体对自己优越感深信不疑，即使不说出来，也不会因为一句宣言而发生根本的改变；事实上，当他们宣称全人类平等的时候，这类群体中的成员会为他们的慷慨和开放

1 白人内疚感（white guilt）通常是指一些白人对于历史上或现在的对有色人种所遭受的种族主义对待而背负的个人或集体的内疚感。——译者注

的思想而感到自豪（展示他们有多优秀）。但对于一个有着长期自卑感历史的群体而言，也要求他们宣誓效忠这一理想，就完全是另一回事了。

并非巧合的是，美国大多数伟大的黑人学院和大学——莫尔豪斯学院（Morehouse）、斯佩尔曼学院（Spelman）、霍华德大学和许多其他的大学——都旨在培养一种集体自豪感；美国的其他群体正是把这种自豪感转化为了优越感。当荣誉学生、学生会主席、数学和科学奖得主都是非裔美国人时，黑人学生的学术体验会大有不同。这些学校通常会在课程中特别强调非裔美国人和非洲移民的成就，这也会产生巨大的效果。许多研究都有力地表明，这些传统黑人学院和大学将这种集体自豪感灌输给学生，为他们将来取得更好的学术和经济成就做出了显著贡献。这很难说是巧合，大多数美国最有影响力的黑人，包括马丁·路德·金、瑟古德·马歇尔（Thurgood Marshall）、杰西·杰克逊（Jesse Jackson）、塞缪尔·L. 杰克逊（Samuel L. Jackson）、斯派克·李（Spike Lee）、艾丽斯·沃克（Alice Walker）以及托妮·莫里森（Toni Morrison），他们上的都是传统的黑人大学。

20 世纪 60 年代，黑人力量（Black Power）、“黑即是美”（Black Is Beautiful）、黑豹党（Black Panther）、伊斯兰民族（Nation of Islam）以及非洲中心论（Afrocentrism）运动都在试图重塑黑人的历史，重写种族的叙事，总是在扭转白人优越感的局面，有的甚至披上了“天选之民”的外衣。当马尔科姆·艾克斯还是“伊斯兰民族”组织的追随者时，他就敦促黑人要相信——

> 我们不仅和白人一样好，而且比白人更好……这不是说……白人和谁平等。他能和谁平等呢？你看看他的皮肤就明白了。你根本不能拿你的皮肤和他的相比。为什么，因为你的皮肤和他的皮肤一比，看起来就像金子。

“伊斯兰民族”组织领袖路易斯·法拉堪（Louis Farrakhan）在1985年多次说：“我向世界宣布，上帝的子民不是那些自称犹太人的人，而是在这个历史的关键时刻被上帝选中的人，就是你们，美国的黑人。”

马丁·路德·金说，他在“伊斯兰民族”组织的教义中看到的“黑人至上主义与白人至上主义同样危险”。他说得完全正确。但事实是，美国最成功的群体正从这种优越感中获利，并把他们笃信的优越感事迹传承给他们的子女的。这是非裔美国人没有的优势——直到今天仍然没有。

优越感带来的效果可以通过实证检验吗？已经检验过了，其结果戏剧性地证实，这种情结的确可以提高成就。

从克劳德·斯蒂尔（Claude Steele）和乔舒亚·阿伦森（Joshua Aronson）进行的名为“成见威胁”的开创性研究开始，数百次的对照实验已经表明，人们在各种衡量标准下的表现都会受到他们自身信念的显著影响，这种信念就是他对所属群体是否擅长此事的成见。仅仅将某种负面成见提醒给某个群体——有时甚至只是要求他们测试前在问卷上写下他们的种族或性别——都会使他们的表现变差。

因此，黑人学生在标准化考试中的得分较低，因为考试说明中会有提醒他们关于种族差异的成见。在一次难度很高的数学考试中，研究人员告诉考生，这个考试是为了理解“亚裔在数学上的非凡成就”，结果从斯坦福大学特意挑选出来的数学能力很强的白人男学生就得分较低。当国际象棋女棋手听人提醒说男性在棋手排名中占据主导地位，她们就会输掉更多的在线棋局——只要让她们相信，她们正在和男性棋手下棋就会如此（但如果骗她们说对手是另一位女棋手，这个效应就消失了）。

研究人员还证实了相反的效应：成见促进。例如，当受测试的女性被告知，这个实验是测试女性比较擅长的“换位思考”能力时，受试女性在心理旋转图像方面会表现得更好（但如果告诉她们这是女性不太擅长的“空间感”能力测试的时候，她们的表现就会变差）。在一个实验室中的小型高尔夫球对照实验中——这可不是我们编造的——如果把推杆测试说成是测量“运动智商”，白人的表现要比把测试说成是测量“天生的运动能力”要好得多。在数学考试中，如果指导说明表述为“这类测试检验的是个体的真实智力水平；从历史角度来看，这种水平显示出种族遗传的差异”，那么亚裔大学生的成绩就会明显偏高。关键在于，这个效应只体现在那些“强烈认同”自己的种族身份的亚裔学生身上；那些不这样想的学生，这种指导说明不起作用。

在实验室之外，当人们深入研究南加州的亚裔和西语裔高中生时，发现亚裔学生能从成见促进中受益。在一个包括越南裔和华裔美国学生的研究中，社会学家周敏（Min Zhou）和珍妮弗·李（Jennifer Lee）发现，甚至在控制了社会经济因素后，正面的成见以及对亚裔突出的学术成就的根深蒂固的期望——无论是在这些群体的文化内部还是社会上广泛存在的期望——对于亚裔美国移民的子女取得卓越的学术成就都起到了明显的促进作用。

自从斯蒂尔和阿伦森在1995年公布了他们的早期发现后，成见威胁和成见促进这两个现象成为社会心理学中最为广泛研究的话题。这些研究中最惊人的发现大概是个体对一个字、一句话，对一个群体成见的微妙暗示有多么的敏感。想象一下，如果从你出生之日起，你的父母、祖父母和你的群体就不停地灌输给你一种文化，坚信你的群体有多么优秀，这可能会给你带来莫大的鼓舞。

非裔美国人所承受的文化负担，以及他们对成见威胁的敏感，和黑人移民相比显得更加强烈。黑人移民一般没有这些负担，至少在他们到美国的时候没有。利比里亚裔美国人，《纽约时报》记者海伦·库珀（Helene Cooper）在她扣人心弦的回忆录《我的家在蜜糖湾》（*The House at Sugar Beach*）中描述了她的祖先——美国出生的自由黑人——做出选择，离开美国回到利比里亚。在她看来，这个选择成了她的精神铠甲。由于出生地的偶然不同，她和很多美国黑人的世界观也大不相同。

因为那个选择，150 年后，我不会以一个美国黑人女孩的身份长大，不会被福利女王[1]的种族成见压垮……相反，（他们）给我的是一张百万分之一的彩票：出生在非洲第一个独立国家利比里亚的上层贵族的家庭中。没有美国内战后重建时期或是民权运动的包袱让我对自己是否和白人一样优秀产生任何自卑感。也没有欧洲的垃圾言论让我怀疑是不是有些英国殖民主子就是比我强。谁需要为平等而奋斗？让其他人都试着和我平等吧。

从文化和心理角度来看，“让其他人都试着和我平等”与“我和其他人一样好”可是天差地别。前一句话是在表达一种优越感。在一个负面成见比比皆是的社会里，前一句话带给少数族裔的信心弥足珍贵。

尼日利亚裔美国人就是这样。在西非，对尼日利亚人的刻板印象就是“傲慢”。但绝大多数的尼日利亚裔美国人并不是尼日利亚族的，他们是伊博族或约鲁巴族（Yoruba）的。这两个民族因为取得了巨大的成功和民族优越感而在西非名气很大——也常遭人嫉恨。约鲁巴人拥有显赫的王室血统，曾经建立过伟大的帝国。相比之下，善于经商的伊博族就像是暴发户，经常被称为“西非的犹太人”。已故尼日利亚伊博族作家，布克奖获得者钦努阿·阿契贝（Chinua Achebe）警告过伊博人当中存在的“傲慢无礼”“狂妄自大”“喜欢张扬”

1 “福利女王”是一个贬义词，指那些涉嫌通过欺诈、危害儿童或操纵等手段滥用或收取过多福利金的女性。——译者注的危险，以及其他尼日利亚人对他们的“怨恨”。

由于这些优越感的故事，“三要素”理论能够预测，黑人移民比非裔美国人更能抵御负面的成见。同样的，经验证据再次证明了这一点。在最近一项对美国 28 所名牌大学 1800 多名学生的调查中，甚至在控制了社会经济因素后也显示出，第一代和第二代黑人移民学生并不像美国本土的黑人学生那样受到成见威胁的影响。就像许多类似的研究揭示的那样，黑人移民学生越是认同他们特定的种族起源，他们的表现就越好。

来自非洲和西印度群岛的新移民经常指出，他们认为非裔美国人的失败在于心态，它是阻止黑人取得成功的障碍。一位在美国出生、父母都是尼日利亚人的商学院毕业生表示：

> 认知是非常重要的，我认为这拖了非裔美国人的后腿。如果你开始认为或者完全沉浸在整个体制都和我们作对的心态中，那你就不可能成功……尼日利亚人就不是这样。我觉得从尼日利亚来的尼日利亚人觉得自己无所不能……他们不觉得自己是黑人就干不了化学或者工程之类的事情。

优越感可能让人反感，但在一个充满偏见的社会里，它们也能提供社会学家所谓的“民族心理防线”，让一些少数族裔“即使在面对歧视和排斥时，也能从心理上做出应对”。

海伦·库珀就有这样的“心理防线”。她 14 岁时来到南卡罗来纳州，经历过无数次的种族主义插曲。她是靠什么抵挡住的？她在讲述自己的故事时说，她靠的是从利比里亚带来的那种融入血液的优越感。她的家族属于精英“刚果人”，他们是被解放的美国黑奴的后代，他们建立了这个国家。“刚果人”这个称呼用于区分“乡下人”，后者是对利比里亚原住民的贬义称呼。更重要的是，她的家族属于“高尚家族”，一个更高的阶层。“你可能在哈佛拿了个博士学位，但如果你是‘乡下人’……你在利比里亚的社会地位仍然不如一个在田纳西州孟菲斯市某个社区大学里拿了个阿猫阿狗学位的‘高尚家族’出身的人。”所以，当库珀刚上大学时，她的室友是“一个来自北卡罗来纳州锡格罗夫的白人女孩，不想和黑人女孩住同一个房间”，因此搬出了宿舍，库珀“给父亲打电话，告诉他这件事。我们在电话里都笑了起来。我没有感到愤怒……我完全无法理解，她恐怕就是个大白痴”。

库珀用于抵挡美国种族主义冲击的方法，在美国取得极大成功的群体之中极其普遍，那就是用一种民族中心主义来抵御另一种民族中心主义。尤其是在少数族裔中，这种策略更多的是一种自我保护的防线，而不是蔑视别人的武器。

总之，在美国，每一个获得与群体占比不相称的成功群体都有着根深蒂固的优越感，无论是来自神学的、历史的，还是大多数美国人一无所知的社会等级制度的。如果能在美国找到一个没有优越感的成功群体，那将是一个反例，直接对“三要素”理论造成冲击。

但优越感很难维持。随着一代接一代地传承，群体的身份认同和民族自豪感会受到冲击。所有的同化力量都在和它作对，包括美国文化的同质化拉力。对于少数族裔，会有更多的偏见和歧视引发的攻击。美国的平等理念也将发挥作用，侵蚀优越感。第二代以及第三代美国人会开始（也许是正确的）把他们父母的优越感看成是狭隘的或是种族主义的，因而拒绝它。正如自然界憎恨真空一样，美国也憎恨优越感——它自己的优越感除外。然而，在美国取得极大成功的群体是那些面对压力时，能够找到方法保持自身优越感的群体。

然而，只有优越感，那仅仅是沾沾自喜而已。维多利亚时代的英国贵族优越感爆棚，但并不以勤劳著称。即使在经济出现困难的时候，他们也觉得工作或者创业是不光彩的。因此，尽管很重要，成见促进实验只找到了“三要素”中的一部分力量。只有当优越感与“三要素”中的其他因素结合在一起时，它才会产生动力、勇气，以及系统性地获得不成比例的成功。

第四章
不安全感

不安全感会带来动力。许多移民家庭的信条是：他们可以夺走你的房子、你的生意，甚至是你的祖国，但永远夺不走你的教育——所以更要加倍努力学习：高分、奖励、名牌学校以及其他看得见的成功标志，是孩子在这个不确定、充满竞争，也许充满敌意的世界里最好甚至是唯一的保护。

现在，我们来讨论“三要素”中的第二个要素：不安全感。

大约200年前，法国贵族亚历西斯·德·托克维尔（Alexis de Tocqueville）注意到，美国和欧洲有个奇怪的区别。他说，在“旧世界”的一些地方，虽然人们大多没受过教育、贫穷、受人压迫，“但似乎心平气和，而且往往爱说爱笑”。相比之下，在美国，这些“最自由的”人生活在“世界上最幸福的环境中”，却常常“焦虑不安”。他们总是“无法满足”。他们从不停止工作——先做完一件事，马上就去做下一件事；先到了一个地方，马上又去下一个地方。按托克维尔的说法，美国人被一种“神秘的不安”折磨着。

托克维尔所描述的焦虑并非精神上的，也不是一种爱游荡的癖好，不是一种对新体验的渴望，更不是后来所谓的存在主义。这种焦虑是物质上的：美国人渴望更多。“所有人都在不断醉心于获取财产、名声和权力。”他们“无时无刻不在想着还没有到手的好东西”，总是“死死盯着”那些东西比他们多的人。这股越多越好的饥渴让他们无心享受已经拥有的事物，让他们无心关注本该感受到的幸福，把他们置于“一团乌云”之下。从根本上讲，美国人的焦虑和他们所推崇的“奋发向上”有关。

总之，托克维尔描述的是一个被不安全感牢牢控制的民族，而这种不安全感恰恰是我们要说的：对自己和自己社会地位的焦虑；某些情况下，这种焦虑会成为追求物质成功的强大动力。

在某种程度上，每个人都有不安全感。不安全感可能是人类境况的基本写照，是对死亡的认知或是自我意识本身的必然产物。也许正是因为如此，人们总把缺乏安全感的人描绘成“自觉”的人。但不安全感并不是要么有，要么没有这么简单。你的不安全感或许多一些，或许少一些；你可能会对不同的事有不同形式的不安全感。不安全感也不是一辈子固定不变的。例如，大多数人在青春期的时候不安全感更多一些。

尤其是，你不必非要是某个群体中的一员才能体会到不安全感。但是，如果真像托克维尔描述的那样——所有美国人都对工作和成功有着强烈的、永不满足的渴望，即便这曾经是事实，现在也肯定不是了。有些群体的不安全感无论是在类型上还是在强度上都与其他群体大相径庭。

托克维尔最大的困惑是，为什么美国人“在繁荣兴旺的时候”会感到不安全。这个问题我们稍后再讨论。在这里，我们先仔细观察一下美国的成功群体中特有的焦虑。这些群体的成员深受某种特有的不安全感的折磨，发作频率高得惊人，且节奏十分一致；再与看似和不安全感相左的优越感结合后，这种不安全感特别容易驱使他们去追求利益、物质和以获得声望为主的成功。

在所有引发不安全感的来源中，作用最强的是轻蔑、恐惧和家庭。我们将依次讨论这些问题。

* * *

受到轻蔑是一种传统的动力来源。正如剧作家威廉·康格里夫说的那样，"地狱里也没有这样的怒火"[1]。在这方面，美国所有获得不成比例的成功的群体都出奇地一致：每个群体都一直或曾经被人看不起，被嘲笑和无礼的对待，或者被人怀疑。每个群体都忍受着——至少在他们崛起时，都忍受过——他人的轻蔑带来的不安全感的折磨。在社会上让人看不起会激发强烈的渴望，渴望出人头地。伏尔泰说过："除了轻蔑，什么都可以忍受。"

轻蔑、鄙视，尤其是怨恨，这些激发各种动机的源头在文学作品中比比皆是，却完全没有体现在"人力资本"和"社会资本"这两个有用却乏味的术语中。在解释古巴裔美国人为什么成功时，总有人指出，古巴流亡者带来了可观的人力资本，远远超出其他大多数西语裔移民。这当然是正确的：第一批古巴移民（所谓的黄金流

1　威廉·康格里夫（William Congreve，1670—1729），英国剧作家。这句话来自《悼亡之新娘》（*The Mourning Bride*），Heav'n has no Rage, like Love to Hatred turn'd, / Nor Hell a Fury, like a Woman scorn'd.（天堂里找不到因爱生恨的愤怒，地狱里也找不到女人因轻慢而生的怒火）。——译者注

亡者）中，大约有三分之一是古巴的精英阶层，他们在抵达前已经接受过系统教育，已经是专业技术人员和高级管理人员了。但在美国，他们的古巴学位和简历通常没什么用，他们被迫接受能找到的一切工作，不管是半熟练工种还是不需要技术的工厂劳工或家政用人，有什么就做什么。

在美国拥有最高的人力资本和社会资本的群体，无疑是“高贵”[1]的盎格鲁－撒克逊白人新教徒（WASP）了。他们占据着美国最好的寄宿学校，维持着几代人之间的老同学关系网。但是，正如这个阶级中的成员自己经常评论的那样，一种懒散、不肯奋斗的文化似乎已经渗透进了美国白人新教徒的高层。《纽约客》编辑塔德·弗兰德（Tad Friend）写道，新教的工作伦理中有一个“很少宣传的推论，那就是：如果你生来就注定成功，那你就不需要任何努力了”。〔弗兰德的一位表亲说：“高管们通常在 3 点半到 4 点之间离开办公室（他们的财富大多是继承来的）。父亲整个上午都在看报纸，然后和他们一起玩西洋双陆棋、桥牌、台球，然后喝点酒。”〕彼得·塞勒斯（Peter Sayles）还说，一个“曾经重视教育、能力和奋斗的文化，现在却把教育、能力和奋斗看成是可有可无的了。做学问在这个圈子里也不受欢迎——那是留给犹太人和书呆子的”。强生公司一位继承人说，经过“几代人的富裕生活，许多人变懒了”。

对于古巴流亡者而言，无论从经济上还是心理上，都负担不起

---

1 英文是 blue-blooded。欧洲贵族以前认为自己的血液是蓝色的。后来这个词用来指高贵的、系出名门的。——译者注

懒惰。卡斯特罗侮辱他们是“地球上的渣滓和没用的蠕虫”。许多古巴流亡者觉得他们有责任证明卡斯特罗是错误的，他们要在这片自由的土地上创造出美好的生活。正如一位流亡者说的，“在经济领域取得成功”可以“治愈他们受伤的集体自豪感”，这对古巴裔美国人来讲，是“一种意识形态上的追求”。与此同时，他们在佛罗里达遇到了意想不到的歧视。另一位流亡者回忆道：“当年我们初抵迈阿密时，许多出租房屋的门上都挂着这样的牌子——古巴人与狗不得入内。看到这种牌子，你可以想象得出我的感受。我从来没有受过这样的歧视。”

流亡者的社会地位一落千丈，这本身就是额外的打击和刺激。一位成功的古巴裔美国教授仍记得童年时住在哈瓦那的一栋豪宅里，后院有一个私人游乐场。她描述了她的父亲在迈阿密当服务员的经历：“当我的父亲在餐厅或酒店工作时，他有很多次遇到他还是百万富翁时交往的人。这样低三下四地伺候他们让他很尴尬，但这种尴尬只会驱使他更努力地工作。”

在资本主义社会，想成功光有资本是远远不够的，动力同样重要，而怨恨可以激发动力。正如研究尼采的学者罗伯特·所罗门（Robert Solomon）说的那样，没有一种情感比怨恨更厉害。这是“一种可靠的情感动机，十分持久，且无法摆脱。它缓慢燃烧，但完全可靠、经久不衰”。对于那些带着优越感来到美国的群体，那股突如其来的——有时是令人痛苦的——无礼和轻蔑可能会激发出强大的动力。在这一点上，伊朗裔美国人就是另一个例子。

在美国以及西方国家眼里，古代一般是指古希腊和古罗马。至于古代波斯，即便真提到了，也是通过古希腊的视角来观察的。最早的波斯统治者几乎没有留下任何关于他们帝国的文字资料，我们现在了解的有关波斯帝国的大部分信息都来自非常有限的希腊史料，包括色诺芬（Xenophon）的《远征记》（*Anabasis*）、埃斯库罗斯（Aeschylus）的《波斯人》（*Persians*），以及最重要的——希罗多德（Herodotus）的《历史》（*Histories*）。但是希腊人和波斯人是宿敌，所以希腊作家的立场并不完全是公正的。试想一下，假如萨达姆·侯赛因写了《1990—2006 年的美国历史》，他会说些什么，想到这里，上面的观点就不难理解了。希腊历史学家把波斯人称作“亚洲的野蛮人”，经常把古代的波斯国王描绘成油腔滑调、颓废堕落的形象。

好莱坞最近也做了同样的事，这激怒了美国和世界各地的伊朗人。在 2007 年的好莱坞大片《斯巴达三百勇士》中，斯巴达国王列奥尼达由杰拉德·巴特勒饰演，他散发着正直和英勇的气概，而波斯国王薛西斯则被描绘成腐朽堕落、女里女气、浑身打孔挂环的荒唐模样。正如一位伊朗裔美国人在博客中说的那样，“这部愚蠢的电影带给我们的羞辱实在让我无法释怀”。

这部电影羞辱了伊朗人，因为伊朗人深深认同古代波斯的辉煌。许多美国人可能不知道，但伊朗其实就是波斯（1935 年以前，西方一直称伊朗为波斯）。

波斯帝国建立于公元前 500 年左右，是“世界上前所未有的超级大国”，统治的土地横跨三大洲，比后来的罗马帝国还要广阔。在鼎盛时期，波斯帝国的子民多达4200万人，几乎占当时世界人口的三分之一。伊朗的每个儿童都听过这段辉煌的历史，并形成了中东问题专家经常提到的所谓波斯“优越感情结”的基础。一位伊朗裔美国作家说:“所有伊朗人都了解这个伟大的帝国。”他们都知道,“伊朗即便不是更好，也足以和罗马、雅典相提并论”。正如中东问题分析员肯尼斯·波拉克（Kenneth Pollack）观察到的那样，对于伊朗人来讲，历史是“无比自豪的源泉”：

> 这使他们比所有邻国都有一种明显的优越感。然而，讽刺的是，德黑兰现在用“全球傲慢”（Global Arrogance）这个绰号指代美国,而在中东地区,人们对伊朗人的一种负面成见就是,他们对其他国家总是十分傲慢。

几个世纪以来，即使面对棘手的历史事实，伊朗人的优越感依然强大。亚历山大大帝可能在公元前324年征服了波斯帝国，但是伊朗人把这次失败转变成了文化自豪感的源泉。如今成了美国公民的胡曼·马吉德（Hooman Majd）是一位伊斯兰什叶派“阿亚图拉”（ayatollah）的孙子，他解释了伊朗人是如何看待亚历山大大帝的：

> 他真是个粗野无知的人，竟然把世界上最伟大的城市波斯

波利斯（Persepolis）以及城市里宏伟的图书馆都烧成了白地，但这也是波斯优越性的好例子。即使是这样一个恶棍，最终也开了窍，终于意识到了波斯的优越性，并在波斯住了下来（直到他去世），还娶了一位波斯贵族为妻。对于人类已知的最伟大的文明，还有什么是比这更好的例证呢？

7世纪中叶，阿拉伯人征服了波斯，这对伊朗人的自豪感又是一次打击。但这也不是不能克服的。在之后的几百年里，伊朗文学家把阿拉伯人描绘成“野蛮的贝都因人”，他们只以“骆驼奶和蜥蜴”为食，而且“总在自相残杀”。中东被欧洲人统治后，伊朗的知识分子又可以把伊朗的落后归咎于阿拉伯－伊斯兰对波斯辉煌文明的破坏。伊朗最著名的现代作家萨德格·希达亚特（Sâdeq Hedâyat）在他的小说中，把阿拉伯人比作“蝗虫和瘟疫”，把他们描述成“皮肤黝黑，长着一双粗野的眼睛，下巴底下一撮干胡子，声音很难听”的人。在20世纪的大部分时间里，伊朗作家“将阿拉伯人对伊朗的统治（以及伊斯兰教的出现）等同于伊朗政治和文化的衰落，借此美化伊朗的前伊斯兰传统”。

即使是今天，在被阿拉伯人征服了1500年之后，伊朗人仍然坚称他们不是阿拉伯人，他们说波斯语，而不是阿拉伯语，伊朗人对阿拉伯人的优越感依然强烈。“伊朗人不喜欢被称作阿拉伯人，”一位伊朗裔美国人在伊朗一家在线报纸上自我反省道，“如果误称他们是阿拉伯人，等同于叫他们是垃圾”。

但数个世纪的征服和动荡已经让他们付出了代价。除了伊朗人的优越感，中东问题专家长久以来还观察到一个现象，就是“伊朗人的内心深处巨大的不安全感”。正如经济学教授罗伯特·格雷厄姆（Robert Graham）写的那样，这种不安全感在与西方的互动中尤为严重，导致伊朗展现出两张截然不同的面孔：“面对邻国是……一种优越感”，而“面对西方是……一种不想被人看不起的感觉。”历史学家、耶鲁大学教授阿巴斯·阿马纳特（Abbas Amanat）是土生土长的伊朗人。他认为，正是这种不安全感导致了伊朗现在的外交政策。伊朗对核武器的追求，在他看来“实际上是一个国家对话语权的追求”。它的动力来自“外国人一手造成的，在神话层面和心理层面上的失败和挫折”。

因此，除了根深蒂固的优越感，不安全感也作为文化遗产的一部分被伊朗移民带到了美国。在美国，这种不安全感更加强烈。从1979年的人质危机开始，地位的丧失、焦虑、怨恨甚至是心理创伤一直是伊朗人在美国经历的主旋律。

和古巴流亡者一样，在1979年的伊斯兰革命后，许多逃到美国的伊朗人发现自己的社会地位一落千丈。专业技术人员、科学家以及曾经权倾一时的人物突然发现自己穷困潦倒，几乎找不到工作。对于男性而言，丧失社会地位造成的创伤更为严重，好莱坞电影两次捕捉到了这种现象。在电影《尘雾家园》（*House of Sand and Fog*）中，不幸的麦萨德·比哈尼上校（由本·金斯利扮演）每天早上穿上西装出门，这样他的妻子就不会知道他在干收垃圾的工作了；在电影《撞车》(*Crash*)中，要不是在医学院学医的女儿及时阻止，伊朗裔的杂货店主差点因种族主义犯下可怕的罪行。

此外，伊朗裔美国人经常遭到严重的偏见和敌意。当美国人质在美国驻德黑兰大使馆被扣押时，人们当众焚烧伊朗国旗；示威者举着牌子，上面写着“愚蠢的伊朗人滚回去”“十个伊朗人等于一条虫”“释放美国人，杀死伊朗人”。这些逃到美国的伊朗人正是为了躲避伊斯兰革命，对于他们来说，这真是个苦涩的讽刺。

20 年后，当恐怖分子炸毁世贸中心双子塔后，美国国内的反伊朗情绪再次高涨。一位在纽约工作的年轻伊朗裔美国妇女还记得当时自己在想：“上帝啊，拜托不要让他们是穆斯林、伊朗人或是阿拉伯人。”“9·11”事件之后，伊朗人的身份“成了一种需要隐藏起来的耻辱”，造成“第二代伊朗裔美国人的不安全感，甚至是自我憎恨和羞愧的感觉”。在过去 10 年里，人们把伊朗裔美国人和阿拉伯恐怖分子划归一类，还给他们贴上“邪恶轴心”的标签，这让他们疲于应付。有些伊朗裔父母告诉孩子，不要告诉别人自己的伊朗血统。1978 年来到美国的伊朗裔社会学家穆赫辛·穆巴舍尔（Mohsen Mobasher）说，伊朗裔美国人觉得被祖国和居住国同时抛弃了，他们在哪里都受到“指责和侮辱”。

在美国的伊朗年青一代面对轻蔑和怀疑的氛围，感到极度痛苦。最近在北加州的一项对第二代伊朗裔美国人的调查证实了这一点。一位 18 岁的伊朗裔美国人抱怨道：“当我说‘我是伊朗人’的时候，别人会说，‘你是伊拉克人？’”还有报告说，他们被人称作“中东人”

以及“一脸毛的恐怖分子”。媒体上对伊朗人的负面描述听起来更刺耳。一位 15 岁的女孩说：“波斯人是最善良的，但是（媒体）把我们描绘成邪恶的动物，可我们不是。他们在新闻里太贬低伊朗了。”

所有这一切都让身处美国的伊朗人有一种强烈的需要，就是要让自己出人头地，获得别人看得见的成就和尊重。不断有研究指出，伊朗裔美国人非常重视社会地位，对声望的重视甚至超过收入。一位伊朗裔美国人说：“在南加州，你看到的每一辆奔驰车都是伊朗人的。他们可以住在小木棚子里，但即便如此也要出去买一辆奔驰车，开着四处转。”这种对社会地位的重视，正如《日落波斯国王》这样博人眼球的电视节目想要表现的那样，但它对伊朗裔美国人获得成功的动力和他们的努力工作就很少关注。伊朗裔美国人常常明白无误地描述，他们成功的动机，以及他们的父母坚持要他们成功的动机，正是出于对名声和尊重的需要。正如一位大学生说的：

> 美国人的理想是学你想学的……伊朗人则是选择那些保证能赚钱，或者保证能扬名立万的东西来学；学习是达到目的的手段，而不是目的本身。伊朗裔父母会选择一些他们同辈人的孩子获得成功的职业。塔拉的父亲想要她当牙医。我父亲想让我成为一名医生、一名药剂师，或至少是一名护士。

美国使伊朗人更加认同波斯身份。今天的伊朗裔美国人不仅把自己和阿拉伯人区分开，也把自己和伊朗伊斯兰共和国（The Islamic

Republic of Iran）区分开。在一项研究中，95% 的第二代年轻的伊朗裔美国人认为，波斯文化是“他们自我认同的核心元素”。超过 80% 的人称自己为“波斯人”，只有 2% 的人称自己为“伊朗人”。调查显示一半以上的人学过波斯语；许多人和他们的父母说波斯语。几乎无一例外地，他们都知道波斯文化是比美国文化更古老、更丰富、更深厚的文化。第二代伊朗裔移民可能“搞不清楚到底是什么构成了”波斯文化，但他们却“笃定”波斯文化“远远高于”美国文化。

他们也很确定，波斯裔美国人必须成功。一个小男孩说：“所有伊朗人都很成功。”在学术上取得成就被认为是理所当然的。“如果你没得 A”，你的父母“就会生你的气”。这种成功的动力深入他们每个人的内心，这种对自己能力的信心以及在美国证明自己的需要，是一种典型的“三要素”文化的组合。一个 18 岁的年轻人说：“为了住更大的房子就要付出额外的努力，这个思想没有任何问题。这像是一种牺牲。做出牺牲，不要抱怨，获得成功。我就是这么看（这件事）的。”或者用一个大学二年级学生的话来说：“我们必须证明……我们必须高举火炬告诉美国人民，我们不是恐怖分子。”

尽管印度的文明源远流长、内涵丰富，但美国的印度人以及在印度本土的印度人都不太关注他们辉煌的历史故事，至少和波斯人或者中国人比起来不怎么关注。相反，印度人的优越感一般来自等级森严的印度社会，来自令人眼花缭乱的种姓、地区、民族、语言、宗教以及其他区别。美国的印度移民大多来自印度的上层社会。[1]然而，在美国，他们突然发现自己成了外来者，没有被社会完全接受，常常受到歧视。因此，印度裔的美国社会学家写过文章讨论他们群体中广泛存在的“种族焦虑”。这种焦虑也有助于解释他们异乎寻常的动力。依靠这种动力，他们在跟踪调查的所有种族群体中，无论以何种标准衡量，都是最成功的群体。

尽管不可能找到确切的数字，但人们普遍认为，除了锡克教徒和穆斯林外，大多数印度裔美国人都来自印度三个最高的传统种姓：婆罗门（僧侣和学者）、刹帝利（武士和贵族）以及吠舍（商人）。几个世纪以来，也有人说是几千年来（从起源到性质，关于种姓的一切都是有争议的），种姓在印度都是最重要的一件事。那些处于社会底层的人，无种姓或者叫“贱民”的人，几乎不被当成人看。他们只能从事不洁净的职业，比如清理下水道、清洁厕所、处理动物的尸体以及人的尸体。他们禁止触碰上层种姓的成员，他们甚至可能“被要求在脖子上挂个陶罐，以防他们的唾液污染地面”。稍高一级的群体是低种姓的纳达尔（Nadar），他们在雨中不能穿鞋或打伞；女性在公共场合要袒胸露乳，这是“她们低人一等的主要标志”。

由于显而易见的原因，现代印度所有最著名的名字几乎都是高

1　1804 年，一些来自印度东部的移民在马萨诸塞州的塞勒姆市定居下来。美国第一个重要的印度裔社区是由旁遮普邦的锡克教徒建立的，其中大部分是男性。他们在 20 世纪早期作为劳工来到西海岸，其中许多人最终娶了墨西哥妇女。从 1924 年到 1965 年，大部分印度移民被挡在境外。在 1965 年后的第一波印度移民潮中，绝大多数是受过教育的专业技术精英阶层；截至 1975 年，93% 的印度移民是“专业 / 技术工人”或是他们的直系亲属。1990 年以后，更多的印度移民来自没有受过精英教育的群体。今天的印度裔美国人主要是移民，令人惊讶的是，高达 87% 的成年人是在国外出生的。有关来源，请参阅尾注。

种姓的人。贾瓦哈拉尔·尼赫鲁（Jawaharlal Nehru）、拉宾德拉纳特·泰戈尔（Rabindranath Tagore）和（尼赫鲁的女儿）英迪拉·甘地（Indira Gandhi）是婆罗门；莫罕达斯·甘地（Mohandas Gandhi）出生时是吠舍。即使在今天，约占人口总数三分之一的高种姓仍然统治着印度社会。小说家阿兰达蒂·洛伊（Arundhati Roy）在2000年评论道："只要看看最高法院里的法官有多少婆罗门，就知道有多少婆罗门掌管着政党了。"虽然印度宪法正式废除了贱民制度，禁止种姓歧视，但在印度，高种姓仍然是根深蒂固的优越感的来源。

但西方人了解的"种姓"只是触及了印度等级社会的皮毛。印度内部很多亚群体都有自己根深蒂固的、往往互相交叉的优越感叙事。孟加拉人感到自豪，因为他们是印度的知识分子。杰出人物阿马蒂亚·森和悉达多·穆克吉都来自孟加拉国的婆罗门家庭。古吉拉特人可能是美国最大的印度裔群体。不仅在印度，他们在世界各地都是赫赫有名的商人。2008年，古吉拉特邦的一个网站得意扬扬地宣布，排名前3的印度富豪中有两人是古吉拉特人，排名前10的印度富豪中有4人是古吉拉特邦人。在美国有约20万锡克教徒，他们同样有自己的优越感叙事。在历史上，他们是印度教的武装保卫者。他们的名声是如此响亮，据印度作家维德·梅塔（Ved Mehta）说，旁遮普邦印度教家庭的长子通常被培养成锡克教徒，这样他们就可以保卫自己的家庭了。还有南北势利之争，可以这样概括：皮肤白皙的"雅利安人"（Aryan）看不起南方大多数皮肤较黑的达罗毗荼人（Dravidian），而达罗毗荼人反过来认为自己更聪明，学术上也更成功。最重要的是，很多美国的印度移民都是著名的印度理工学院的毕业生。这所学院与常春藤盟校差不多——只是竞争要激烈得多。

一些印度人身上的优越感来源同时也是不安全感的来源。至少从 20 世纪初开始，人们对“婆罗门统治”的觉醒就已经激起了怨恨，并引发了反婆罗门运动，其中包括一些高种姓、非婆罗门的领导者。但是，与英国几个世纪以来的殖民统治带来的不安全感和怨恨相比，“婆罗门统治”的刺痛就显得微不足道了。英国的殖民统治以傲慢无礼、强硬镇压、拉拢精英以及“白人的负担”[1]而出名。1919 年阿姆利则惨案[2]后，泰戈尔宣布放弃他的骑士头衔。他只是印度众多抗议者中的一员。他们抗议英国强加在他们同胞身上那“明晃晃的”“侮辱”和“羞耻”，他们“忍受着非人的待遇”。

因此，大多数来到美国的印度裔移民都同时带着两个甚至三个层面上的优越感和不安全感。在美国，他们一头扎进了一套完全不同的社会等级制度，他们旧有的优越感叙事失去了作用，但不安全感却越来越强烈。被排斥、被蔑视甚至被侮辱的经历成了很多印度裔美国人挥之不去的梦魇，遍布在社会的各个阶层中。

普利策奖得主尼兰雅娜·苏德什娜·拉希莉（Nilanjana Sudeshna Lahiri），现在叫钟芭·拉希莉（Jhumpa Lahiri），她回忆道：“我总是

1 《白人的负担》是英国诗人鲁德亚德·吉卜林的作品，于 1899 年发表。后来用这个词代表白人有义务统治有其他文化背景的人，并且推动他们发展。——译者注

2 阿姆利则惨案（Amritsar massacre）是 1919 年 4 月 13 日在英属印度北部城市阿姆利则的札连瓦拉园中，英国人指挥的军队向印度人民开枪而引发的屠杀事件，该事件造成上千人伤亡。——译者注

对自己的名字感到尴尬。你会觉得，这个人本身就在给别人带来痛苦。”人们普遍认为，美国是一个建立在“犹太－基督教价值观”上的“基督教国家”，因此印度人被排除在外。印度裔美国人偶尔会因为“奶牛崇拜”而被人取笑。那些成了学术明星的印度大学生回到家乡后，有时会提到在美国受到的非常不同的待遇：

> 如果有个印度学生刚刚做了饭，然后去办公室，他身上有一股咖喱味，教授们就会把他单独叫出来，告诉他，“你为什么不洗澡？”“你为什么不在上课前喷点古龙水什么的？你身上总有股咖喱味。”我觉得很滑稽，同时也非常有辱人格。

“9·11”事件后，所有的南亚人，不管你是什么信仰，都成了美国反穆斯林、反阿拉伯情绪的怀疑和暴力对象。戴着头巾的锡克教男子特别容易被挑出来，不是以前的保卫者身份了，而是和“恐怖分子”挂上了钩。（“你这个该死的阿拉伯包布脑袋！你们都会死的，我们会杀了你们每一个人！”一个白人在“9·11”事件后的一个电视转播场景中对一个锡克教徒这样吼道。）据报道，印度裔出租车司机报告说被人吐口水，并被人称作“阿拉伯人”。

从种族上讲，尽管印度人在很长一段时间里被认为是高加索人，但今天在美国的印度人都被看成是亚洲人。不管怎样，关键是，人们认为他们不是白人。（1923年，最高法院裁定，一名印度旁遮普邦“高种姓”的人，虽然可能是“高加索人”，但不是“白人”，因此没有资格享有“自由白人公民”的权利。）许多印度裔美国人都证实，他们的族群面对着持续的偏见。为了吸引更多的客人，印度裔的美国旅馆老板通常会把他们的大堂“漂白”，雇用白人做前台服务员。一位店主说：“我认为不得不这样做。如果你经营一家高档酒店，而前台是个印度人……知道吗，很不幸，我们仍然生活在一个，嗯，有时对我们并不友善的社会里。”另一位店主也评价说，让欧洲人做前台比用印度人好：

> 即使用外国人也不见得是件坏事。几周前，我在一家酒店，前台是一位法国女士……它给这个地方增添了——一些情调。这对我来说很酷……你不可能从印度人那里得到那种（印象），不可能。

这种偏见对许多印度裔美国人来说是痛苦的现实。但我们在这里又会看到优越感和不安全感的反常结合能产生的强大动力。在拒绝了印度的高薪工作后，从印度理工学院德里分校（IIT Delhi）毕业的拉加特·古普塔（Rajat Gupta）于1971年来到美国，就读于哈佛商学院。据记者安妮塔·拉加万（Anita Raghavan）说，“古普塔”是“印度最古老的血统之一”。他的父亲曾在英国接受教育。在英属印度时期，只有0.1%的印度人享有这一特权。在一个“肤色决定一切的社会里，拉加特和他的父亲阿什维尼（Ashwini）都是白皮肤。这是一种明显的优势，让他们拥有天生的优越感”。然而，尽管古普塔在哈佛大学名列前茅，但华尔街没有一家公司愿意雇用他，包括（起初）咨询业巨头麦肯锡公司。20 年后，他终于成为麦肯锡的首席执行官。

社会学家班达纳·普尔卡亚斯塔（Bandana Purkayastha）认为，遵循着美国移民群体长久以来熟悉的模式，很多印度裔美国父母“为了成功努力奋斗，争取成为‘模范少数族裔’”，要求他们的孩子获得更高的成就，“和那些他们眼中‘真正的’少数族裔划清界限”，也就是和黑人和西语裔群体划清界限。其他南亚裔美国父母也对他们的子女提出了类似的要求，只因为他们相信，在美国，非白人要想成功就必须表现卓越。不管怎样，“与同龄的白人相比，他们的孩子一直受到压力，要更好、更聪明、更有成就”。

第二代印度裔美国人对种族的态度非常复杂。与非裔或拉美裔美国人约会的南亚年轻人很可能会与他们的父母产生激烈的情感冲突，备感挫败。一些在相对富裕的白人郊区社区长大的人，对美国的种族主义可能有更多的免疫力，但种族界线很难跨越，大多数年轻的印度裔美国人都有这样或那样的“种族焦虑”。令人惊讶的是，印度裔青少年间关于“漂白”肤色或外貌的话题非常普遍。一位 23 岁的印度裔美国专业技术人员回忆道：

> 我一直认为，因为我的皮肤是棕色的，头发更浓密——看起来不像个帅哥[1]。因为我的种族原因，我在吸引女性方面处于劣

1 原文是 Abercrombie boy，其含义为“穿着爱芙趣品牌衣服的男孩”，意思是长相很帅气的男孩。——译者注

> 势。因此，我必须在不同的竞技领域引起她们的注意。我要在学业上有所成就，在校园政坛上有所成就……就我而言，作为一个棕皮肤的美国人，这种不安全感在“9·11”事件之后尤为强烈。阿布格莱布监狱的画面（美国白人士兵对棕皮肤裸体男性进行性羞辱）让我产生了强烈的共鸣。

传给第二代印度裔移民的优越感情结与他们父母来时的情况不一样了。美国移民群体的文化从来都不是古老传统的纯粹化身，在与美国社会的碰撞中，它们不可避免地要重塑自己。在美国，对印度人来讲，地区和种姓的区别已经不那么重要了（不过这在通婚方面仍然是个问题）。很多年轻的印度裔美国人在成长的过程中很少听到家人提到种姓。他们通常把这种区分看作歧视，而且，作为“印度人”（或者“南亚人”）在美国的经历使印度裔美国人跨越种姓和地区团结在了一起。

取而代之的是，印度裔美国人构建了一个新的“‘优势文化’叙事”。这种新的优越感情结的一部分与家庭有关。印度裔的美国家庭关系非常紧密，与外族通婚的比例在所有亚裔群体中是最低的。根据皮尤研究中心最近的一项研究，美国近 70% 的印度人（这个比例比其他任何亚裔群体都高）相信，他们国家的家庭比美国的家庭更强大，体现了更好的价值观。还有一种道德或精神上的优越感也经常发挥作用。许多印度裔美国人在用新的方法强调他们的印度教信仰。这里面不包括印度裔美国人中大约 10% 的穆斯林，大约 18% 的基督徒，5% 的锡克教徒和 2% 的耆那教徒（Jain）。即使每周在寺庙里举行礼拜仪式需要改变印度教在印度本土的传统做法（传统的印度教没有集会中心，没有固定的礼拜仪式或者常规仪式），在美国各地，仍然掀起了建设印度教寺庙的热潮。这些寺庙也可以作为社交中心，加强印度人的共同身份。

但是今天，印度裔美国人的优越感中最重要的部分可能是从他们取得的巨大成功中反馈回来的。在美国，很难找到一个印度人完全不知道印度裔美国人取得了巨大的成功——比白人还成功。因此，即使还未明言，印度裔美国人已经建立了一种强大的，对“独特、优越的家庭传统 / 民族文化”的信心。这种优越感，加上持续的种族焦虑，是一种典型的“三要素”文化中的动力来源。

皮尤研究中心最近的一项研究证实，在亚裔群体中，并非只有印度人才经历过种族主义和歧视。在《纽约》杂志上，韦斯利·杨这样写道：

> 有时我在窗户上瞥见自己的影子，会被我看到的模样吓一跳。乌黑的头发、斜眉歪眼，一张大饼脸上蒙着黄绿色的皮肤，一副近乎爬虫似的呆相……有时我会怀疑这张面孔对其他美国人而言意味着什么：一个隐形的人，从一大堆相似的面孔中很难认出来……我们不仅是那种“数学好”和会拉小提琴的人，我们还是一群被窒息、受压抑、被虐待、循规蹈矩的准机器人，

无论在社会还是文化方面根本无足轻重。

如果还不够明显的话，我们再强调一下，成为歧视和偏见的对象并不会产生什么内在的力量。对任何人，包括对拥有优越感的群体成员而言，“错误的”肤色或面部特征，以及那些成见和媒体丑化漫画的无情冲击最终可能令人不堪重负，精神被压垮。（不过，韦斯利·杨显然没有被压垮。）在很多亚裔美国人看来，“种族性别的定型观念”让情况更加恶化。

在美国，男性的偶像派领袖——无论是在好莱坞的电影中、体育运动中还是在公司的董事会里——几乎没有亚洲面孔。（这也是那么多亚裔美国人对林书豪在纽约尼克斯队超级明星般的表现欢欣鼓舞的部分原因。）文化心态也起了作用。哥伦比亚大学法学教授吴修铭在接受杨的采访时说：“白人有一种非常重要的本能——就是要给人留下印象，他们只做真正重要的工作。他们是团队里的‘四分卫’。这是一种亚洲人从小就知道不应该有的傲慢。”（儒家文化不鼓励毛遂自荐，它认为谦逊、礼让以及自强不息才是核心美德。）

东亚孩子在学校里受到欺凌的情况可能正在增加。2004 年对纽约市公立学校的一项研究发现，针对华裔学生口头上及身体上的攻击远远超过针对黑人以及拉美裔学生的攻击。这种骚扰的原因显然不光因为华裔学生在体形上和他们同龄人的差别，同时还因为华裔学生学习好而受到老师的喜爱。2010 年在费城发生的一起事件中，26 名亚裔学生遭到非亚裔学生的殴打，13 人被送进医院。

这类事件可能产生残酷而持久的影响。研究人员发现，美籍华裔学生不仅更容易受到骚扰，而且表现出更严重的抑郁症状。但与骚扰者的意图相反，这些骚扰对更瘦小、更勤奋的孩子在某些情况下也是一种激励。这种激励的一种表现形式就是大家常说的“总有一天你会为我工作”的心态。而另一种表现形式，也许是权律（Yul Kwon）所独有的。

权律还记得小时候在学校里，那些孩子管他叫“chink”或“gook”[1]，总欺负他，还打他。权律说，他变得孤僻，忍受着焦虑症的折磨。但他后来从斯坦福大学和耶鲁法学院毕业，并在2006年赢得了《幸存者》（*Survivor*）的冠军。这在一定程度上得益于他在身体和战略上的非凡能力。这些能力让他赢得了“魁首”“傀儡师”和“教父”等荣誉称号[2]。他被《人物》杂志评为“年度最性感的男人”。权律在接受采访时说：“不管我最后站在摄像机面前的可能性有多小，能走到今天这一步很大程度上源于我内心深处的不安全感。”

除了轻蔑，恐惧是刺激不安全的第二个来源，在美国那群格外成功的群体中尤为活跃，那是害怕无法生存的恐惧。这种危险既有真实的成分，也有想象的成分；这种恐惧既有理性的，也有非理性的；他们有物质上的担心，也有身为外来者的那种更深层次的

1 chink 和 gook 都是对华裔、韩国裔等东亚人的蔑称。chink 原意为“狭小的缝隙”，在这里直接的解释是形容亚裔“小眯缝眼”，也有人译作“清佬”。gook 更多是对韩国人、日本人、菲律宾人的蔑称，也有人译作“烂泥”。——译者注

2 这些称号都是《幸存者》节目中的荣誉称号。——译者注

焦虑。

今天，美国所有最成功的群体多多少少都是外来者，在某种程度上都受到恐惧的折磨，但犹太人的例子更为典型。全国性联合脱口秀节目主持人丹尼斯·普拉格（Dennis Prager）断言："害怕受到迫害，以及对仅仅因为是犹太人就会被杀的恐惧，存在于每个犹太人的灵魂深处。"并不是所有犹太人都同意普拉格的观点，但许多人可能会认同作家丹尼尔·史密斯（Daniel Smith）对同一观点的另一种不那么激烈的表达：

> 作为一个犹太人……你被迫生活在这样的一个世界里：在这里，出于复杂的、高深莫测的原因，你不仅是广泛存在的精神错乱者眼中的愤怒对象，同时，因为这种愤怒，你还被敦促、被期望与你的传统更紧密地结合在一起。事实上，它敦促并期望你像某种个人知识库那样，存储6000年的集体记忆，并以此承载起整个民族的生存希望……还不想焦虑？还不想变得神经质？那可太难了。你生来就是焦虑的。

有过受迫害的历史会让人产生各种各样的心理反应，包括绝望、麻木、屈服，甚至羞愧。然而，另一种反应则是想要崛起的冲动，渴望获得金钱或权力，而且会抓住不放——要成功到要么没人欺负得了你，要么至少有资源能逃离。弗兰兹·卡夫卡是犹太人，他在1920年给一位天主教的朋友写信时说，犹太人"地位不安全，内心不安全，人际关系不安全”，这使得“犹太人相信，他们拥有的只是双手拿着的或是牙齿咬着的东西”，使他们觉得“只有看得见的财产才能给他们活下去的权利”。

犹太人并不是唯一担心生存问题的群体。摩尔门教徒长期受到迫害；许多古巴流亡者和非裔移民逃离了专制制度，在来到这个国家之前已经一贫如洗。在这些群体里，家长同样会经常向孩子们传达一种生活动荡不安的感觉。因此，许多移民家庭的信条是：他们可以夺走你的房子、你的生意，甚至是你的祖国，但永远夺不走你的教育——所以更要加倍努力学习。

我们在这里不会更多地讨论这种动力，因为我们在下一章会讨论它。相反，我们会转到另一种非常不同的不安全感，这种不安全感在成功的群体中更常见，但它（看起来就像其他所有类型的不安全感一样）在犹太人中又表现得特别明显。这种不安全感不是来自迫害，而是来自父母——不过有些人可能会说，这二者并不互相排斥。

移民的孩子经常觉得有必要补偿父母的牺牲。但在犹太文化中，似乎还有一种额外的压力：永无休止的负罪感。

如今“犹太母亲”给人的刻板印象是个老态龙钟的人，但她最受人喜爱的是她诱发负罪感的能力。在1960年百老汇一出著名的短剧中，伊莲·梅（Elaine May）和迈克·尼科尔斯（Mike Nichols）扮演一对犹太母子。作为科学家的儿子刚刚帮国家成功发射了第一颗火箭飞船，但这位母亲却给儿子打电话，抱怨他从来不往家里打。

（“拿起电话有那么难吗？”）这份令人窒息的母爱直接展现在观众眼前，但最大的笑点出现在母亲告诉儿子一个与众不同、相当奇特的事情时。她告诉儿子，她太担心他了，所以必须去看医生，这样她的“神经”才能“做个 X 光检查”。

“妈妈，”他回答道，“我感觉糟透了。”

“要真是这样，我将是世界上最幸福的母亲。”她说，“做母亲的天天这么祈祷。”

母亲为什么希望她的儿子“感觉糟透了”？一部分原因是她想让他担心她，另一部分原因是她希望有人需要她。但同时，这里要传达的意思是，一个孩子应该总觉得他做了让母亲不高兴的事——或者换句话说，无论他做什么都不够。历史学家劳伦斯·J. 爱泼斯坦（Lawrence J. Epstein）讲过另一个犹太母亲的笑话，也显示了这一点：

> 一个犹太女孩当上了总统，她对妈妈说：“妈妈，你一定要来参加就职典礼。”妈妈说：“好吧，我去，我去。我要穿什么去呢？天这么冷。你为什么非要当总统呢？那是什么工作？除了一身麻烦什么也得不到。”但她还是去参加了就职典礼。当她的女儿在首席大法官的主持下宣誓就职时，她母亲转向她旁边的参议员说：“看到那边站着的那个女孩了吗？她哥哥是个医生。”

这位母亲更喜欢当医生的儿子而不是当总统的女儿，可能有一点重男轻女或是女人成不了大器的意思，但基本的教训对儿子和女儿是一样的：即使当了总统，你也不应该觉得父母就对你满意了。如果你当了总统，你本来可以当一名医生；如果你是一名医生，那你本来可能会成为总统。

这些笑话以及在菲利普·罗斯的小说《波特诺伊的怨诉》（*Portnoy's Complaint*）中名声大噪的那种“盛气凌人”的犹太母亲，似乎是在20世纪下半叶突然冒出来的。在此之前，犹太母亲一直是做着汤丸子[1]养育子女的形象。根据文化评论家玛莎·拉维斯（Martha Ravits）的说法，这种新的形象是“美国男性作家在20世纪60年代构想出来的”。

父母表达不满也是犹太父亲的拿手好戏。在20世纪早期极度贫困的纽约移民社区中，犹太男人往往疏远自己的孩子，“他们唯一能沟通清楚的”就是“失望”。无数的犹太作家后来指出，这些父亲对孩子尤其是儿子的失望，可能是一种迁怒，反映了他们“对自身失败的认知”，反映了他们从事卑微的职业或是沿街叫卖带来的尴尬，反映了他们自己没本事为家庭提供更好的生活。亚瑟·米勒（Arthur Miller）的《推销员之死》（*Death of a Salesman*）就生动地描绘了这样一位父亲。伊萨克·罗森菲尔德（Isaac Rosenfeld）1946年那本广为流传的小说《离家》（*Passage from Home*），描写了一个儿子“永远对父亲失望，就像，我心知他对我失望一样”。

1　汤丸子（matzo-ball）是犹太人在逾越节期间的主食，一种无酵母面团。——译者注但这些都不是说在犹太父母眼里，孩子就不是他们的宇宙中心，不是他们的掌上明珠。对此，罗斯或许把握得最好：

> 和这些犹太父母相处会是什么样呢？……一方面，他们让我们这些犹太小男孩相信，我们是王子，和独角兽一样与众不同，似乎从没有人在小时候像我们这样才华横溢、光彩照人——我们是救世主，我们是完美的化身，而另一方面，我们又是笨手笨脚、无能、轻率、没用、自私、忘恩负义的……小王八蛋！

不用说，并非所有犹太人都缺乏安全感，而且尽管有伍迪·艾伦的那些演绎，也并非所有犹太人都深受疑神疑鬼、神经质和焦虑这类成见的折磨。例如，"犹太裔的美国公主"就和缺乏安全感正相反。今天，许多犹太裔的美国父母坚决反对让孩子觉得他们必须有所成就才能让父母满意。事实上，犹太人的不安全感在几个方面都有所减弱，罗斯这一代人可能是最后一代感到他们的犹太身份让他们成为存在主义意义上的美国外来者。正像我们会在后面的章节中讨论的，这可能也预示着犹太人的成功会成为明日黄花。

* * *

犹太人的例子可能是最引人注目的，至少是被挖苦得最多的，当然也是被精神分析得最多的。但是子女为了不让父母失望，觉得他们必须成功的这种现象，涉及的范围肯定广得多，而且在移民家庭中尤为突出。孩子们看到自己的父母两班倒地做着女佣或是餐馆服务员的工作，把挣来的钱都投到孩子的教育上，常常会感到一种内在的压力；这会督促他们不辜负父母的梦想和期望——让父母做出的牺牲不白费。

佛罗里达州参议员马可·卢比奥在2012年共和党全国代表大会上发表讲话时，令人心酸地（也许有自己的小算盘）回忆起他的古巴移民父亲“曾做过多年的宴会调酒师……这么多年来，他一直站在房间后面的吧台后面，这才让我有一天能站在房间前面的颁奖台后面”。卢比奥在他的自传中强调了这个主题。年轻时，一想到父母为他所做的牺牲，他总会在晚上祈祷，希望他能“让他们为他感到骄傲。祈求主让他们活得久一点，好让他们知道，他们的一切辛苦，一切牺牲，都没有白费”。

在一项对5000多名移民儿童的研究中，研究人员“一次又一次地”发现，为了补偿父母的牺牲而产生的焦虑，激励着第二代移民取得卓越的成就：

> 看到父母做出的牺牲，表面上全是为了他们，通过不断的内疚让子女感到有义务回馈父母，并激励他们取得成就——这种激励反过来也会让移民父母对孩子有一定程度的心理影响力。

这种焦虑会持续一生，即使在父母去世后依然存在。

在亚洲家庭中，要求你出类拔萃的压力往往更大。特别在中国、日本和韩国的移民家庭中，大人经常告诉孩子，“失败”——比如成绩是 B——将是整个家庭的耻辱。在最近的一项研究中，当被问到孩子在学校表现好的原因时，近三分之一来自中国的母亲都谈到了家庭荣誉，而美国白人母亲却无一人提到这个原因。哈佛大学社会学家维维安·路易（Vivian Louie）注意到，传统中，受儒家文化的影响，“祖先是永垂不朽的，而‘活着的个体是他的香火得以延续的表现’。从这一传统的角度来看待成就，不难看出，个人成就完全是根植于家庭责任和声望之上的”。

家庭荣誉只是压力的一部分。对于亚裔移民父母（以及许多其他的移民父母）来说，重要的是记住：高分、奖励、名牌学校以及其他看得见的成功标志是孩子在这个不确定、充满竞争，也许充满敌意的世界里最好——也许是唯一——的保护。因此，人们对亚洲家长的刻板印象是念念不忘排名。在这种刻板印象中，亚洲父母不停地念叨“哈佛大学是第一！”对许多人而言,这堪称痛彻心扉。“为什么只得了 A？不是 A+？”这是一些亚裔美国家庭中经常出现的质问。在一项针对韩裔美国大学生的研究中，一位十几岁的第二代移民说：“韩国父母总说，你必须这样、这样、这样才能成功……你必须上医学院或者法学院然后学习、学习，再学习。他们认为最好的大学是哈佛、耶鲁和普林斯顿。我不是说白人不重视教育，只不过韩国人……他们把教育提升到了另一个层次。”有些亚裔美国孩子干脆真的叫“普林斯顿·王”或“耶鲁·张”，却并不是因为他们的父母是那里的校友。

这些露骨的表达会让那些沉浸在自我接纳文化里的西方父母大惊失色。亚裔父母经常故意给孩子施加压力，与别人家成功的孩子和朋友进行针对性的比较。所有这一切都转化为我们刚才描述的那种不安全感：对一个人物质地位的多层次的焦虑，一种总觉得自己不够好的感觉。怎样才能“足够好”？这是用非常传统的方式衡量的，比如分数、排名、财富或名气。一位来自南亚的年轻人说：

> 在我成长的过程中，我的父母认为我是个坏女孩。我的成绩很好，但总是不够好。我常常羡慕我的（美国白人）朋友，因为他们的父母对他们真是太好了。比如有个女孩在布朗尼蛋糕里加了毒品，她妈妈只不过让她写了一首赎罪诗。

一个父母是贫穷的服装工人、从小在洛杉矶廉租房里长大的亚裔美国女孩，后来从加州州立大学毕业。即使获得了研究生学位，她仍然觉得自己“很一般”，并不“优秀”，尽管她前途无量，但她的参照系仍然是她父母的朋友那些“上了耶鲁大学”的孩子。同样，一个越南裔美国女孩平均分数 4.21，以全班第三名的成绩毕业。有人问她，父母是否为她骄傲时，她说：“如果我是第一名或第二名就更好了。”

从中学到顶尖的大学，对自己过于苛求的情况在亚裔美国学生中比比皆是。尽管学习成绩很好，但他们的自信心普遍较低。事实上，在美国各地，即使最优秀的学生都是他们，他们的自信心在所有的种族群体中也是最低的。在一项对美国 28 所重点大学近 4000 名新生的调查中，所有族群里，亚裔学生是对自己最不满意的群体；黑人学生对自己最满意，然后是拉美裔、白人、亚洲人。自 20 世纪 60 年代以来，美国的教育者普遍接受一个观点：少数族裔的学生——实际上是所有学生——表现不好时，罪魁祸首就是缺乏自信。他们用这个观点改造了我们的学校，但事实并非如此。

不安全感会产生动力。我们已经讨论了一些美国最著名的成功群体，我们现在以一个没那么著名的群体作为本章的结尾：黎巴嫩裔美国人。

约瑟夫·J. 雅各布斯（Joseph J. Jacobs）1916 年出生在纽约布鲁克林区一个贫穷的黎巴嫩裔移民家庭，他创立的工程和建筑公司是世界上最大的工程建筑公司之一。在他的自传中，雅各布斯谈到他和他的黎巴嫩裔美国同胞总觉得被美国的白人新教徒精英看不起，让这些对自己的传统"有强烈自豪感"的人尤其难以忍受。

他写道，黎巴嫩人是"古代腓尼基人的后裔"，他们是闪米特人的一支。和今天的黎巴嫩人一样，他们走到哪里，都因为商业上的成功而赫赫有名。希腊人和罗马人都特别夸赞过腓尼基人出众的智慧、敏锐的商业头脑和高超的航海技术。在荷马史诗《奥德赛》中，他们的形象是驾驶着巨大“黑船”的“贪婪恶棍”。古罗马政治家兼哲学家西塞罗（Cicero）说，正是他们以其过人的“聪明才智”，第一次把“贪婪、奢侈和对一切无节制的欲望”引入了希腊。腓尼基人还多才多艺，证据表明，是他们发明了字母、算术和玻璃。

但是，作为一个黎巴嫩人，雅各布斯不仅是多才多艺的腓尼基人的后代，他还是个黎巴嫩裔的基督徒。和他那一代大多数的黎巴嫩裔美国人一样，他是马龙派教徒[1]。正如雅各布斯说的那样，马龙派教徒“喜欢称自己是基督门徒的真正后裔”。在黎巴嫩，基督徒直到最近一直都在政治、经济和社会层面统治这个国家，马龙派教徒的优越感众所周知。即使在今天，黎巴嫩裔美国人中的穆斯林有时还说，他们的父母“教导我们要为自己感到羞耻，而不是骄傲。你知道，要鄙视自己，要仰视基督徒”。

尽管雅各布斯是小商贩的儿子，但这一切都给了他巨大的优越感，再加上他眼中的白人至上主义，激励着他和其他的黎巴嫩裔美国人获得成功：

> 没有人为我们说话，没有家庭，没有推荐信。我们加倍努力地工作，希望获得认可，向整个体制证明我们的价值。五月花号的子嗣，那些看不起“叙利亚”移民的第三代白人

1　黎巴嫩的天主教教派，占黎巴嫩人口的 24%。根据黎巴嫩各政治和宗教领袖之间达成的非正式协议，该国总统必须是马龙派基督徒。——译者注

新教徒，他们的存在似乎就是在嘲笑我们这些下等人……我们感到的排斥有些夸张，但它也是我们的动力……让我们羡慕美国同行的轻松自在，我们的不满刺激着我们，我们“要让他们看看”。

雅各布斯的不安全感和动力还有一个来源——他的母亲。据他回忆，在成长的过程中，母亲的“雄心壮志”让她的孩子们无处可逃，“我们应该，也可以比其他人更好，甚至比我们自己想要的都好”。他写道，压力变成了“困惑和心理创伤”。他的大哥变得反叛，而雅各布斯则把母亲的要求刻在了心里。“我早期的不安全感和后来的积极进取无疑都来自取悦母亲的需要”，为了满足她“对成功的需求以及渴望看到的社区里羡慕的眼光”。

雅各布斯的母亲在黎巴嫩裔美国人中并不特殊。他讲到他的朋友，同为黎巴嫩裔美国人的亚历克斯·马萨德（Alex Massad）——他被《财富》杂志描述为美国最强硬的商人——最初接受了美孚石油公司的一个职位。马萨德的母亲哀叹道：“你为什么不自己创业呢？你为什么不自己开一家店呢？”但马萨德坚持了下来，很快成为美孚公司的一位高管。结果，有一次他回家时：

亚历克斯……兴高采烈地宣布：“妈妈，我开了一家店。”听到这个消息，她苍老的脸上露出了喜色。终于！亚历克斯采纳了她的建议；在她的社区里，她的儿子终于算是成功人士了……“我买下了蒙哥马利·沃德[1]！”

她的笑容立刻变成了失望的蹙眉头。她毫不感兴趣，失望地说：“这不是一回事。我说的是你自己的店！”

正如雅各布斯描述的那样，他和他的第二代黎巴嫩裔美国朋友“受到双重驱动”，要“向父母和世界”展示自己的成功。

在雅各布斯这个例子中，我们可以找到在这一章中讨论的一切：一种群体优越感和强烈的不安全感相结合；这种不安全感来自社会的轻视以及父母毫不松懈的压力。在美国最成功的群体中，这些力量一遍又一遍地汇聚在一起，形成一种强烈的挑战心态，一种“我要让你们都看看”的心态——最终，这些群体获得了超出人口占比的成功。

不安全感是成功的一个关键要素——并不完全是从美国以自我接纳为核心的文化或是“要学会爱自己”的大众心理学中学来的。但一个人需要动力，就必须有动力的来源：有些痛苦能刺激人前进，有些不能。这些获得超出人口占比的成功群体，感受到了超出正常比例的不安全感。

因此，“三要素”文化的第二个要素是对现代美国准则的又一次打击。不安全感是大众心理学和治疗心理学的敌人——是要消灭的

1　美国芝加哥的一家大型百货公司。——译者注

病原体，更是当代家庭教育的敌人。在积极地保护自信心和积极地提升不安全感之间,在“做你自己”和“你还不够出色”之间,在“你太棒了——爸爸妈妈永远支持你”和“如果拿不到全优，你会让全家人失望，你最后会流落街头”之间，存在着巨大的差异。不安全感似乎不应该带来成功，但在美国最成功的群体中，它确实做到了。

第五章
克制力

中国移民在教育孩子上比非亚裔美国人严格得多，他们把纪律、高期望、坚持不懈和自我控制作为孩子日常行为要求的一部分。在这种严格要求下成长起来的孩子，也会越发出众。

培养孩子控制冲动的能力，是他们获得成功的有力杠杆——这其实对任何人、任何年龄段都有效。

如果你问成功人士，他们为什么成功，你肯定会惊讶他们提到失败的次数。迈克尔·乔丹曾经评论："在我的职业生涯中，我投丢了9000多个球，我差不多输了300场比赛，我26次辜负了信任，投丢了制胜一球。在我的人生中，我一次又一次地失败。这就是我成功的原因。"

如何对待失败是区分成功者和失败者的重要分界线。成功需要的不只是动力，甚至不只是奋发向上的强烈愿望，同样重要的还有面对逆境时的意志力和坚持不懈的毅力。

社会学家和发展心理学家，比如罗伊·鲍迈斯特（Roy Baumeister）、卡罗尔·德韦克（Carol Dweck）和安吉拉·达科沃斯（Angela Duckworth），他们都领导了大量的研究。这些不断扩充的研究表明，抵制诱惑的能力，特别是面对艰巨的、令人望而却步的、超出自己当前能力范围的任务而想放弃的诱惑时，依然能加以抵制的能力，才是成功的关键。这种抵制诱惑的能力就是我们说的“克制力”。一个引人注目的发现是，在幼儿时期克制力更强的孩子，在各个领域都能取得更好的成绩。

这一发现最初是由斯坦福大学心理学家沃尔特·米歇尔（Walter Mischel）在20世纪60年代后期著名的“棉花糖实验”中——实际上是无意中——发现的。为了研究孩子们是如何学会抵制诱惑的，米歇尔在3到5岁的孩子面前放糖果，然后告诉他们，他们可以选择吃掉自己喜欢的糖果（通常是一块棉花糖），但如果他们等上几分钟再吃，就可以多得到一块。坚持15分钟的孩子会得到第二块棉花糖。

大多数人吃掉了糖果，只有少数人坚持了下来。然而，多年以后，最大的惊喜出现了。尽管这不是他的最初计划，但米歇尔跟踪调查了大约650名被试的孩子在上高中时的情况。结果发现，那些坚持下来的孩子比那些没有坚持下来的孩子学业成绩更好，社会问题也更少。

现在，已经有大量的研究证实，米歇尔发现的克制力和成功之间的关系简直令人瞠目结舌。那些“通过”了棉花糖实验、等待了整整15分钟的孩子，SAT分数比那些在前30秒内吃掉糖果的孩子高出210分。这已经证明，克制力能更好地预测大学成绩，比SAT分数，甚至比智商预测还要准确。

在迄今为止最全面的研究中，新西兰的研究人员对1000多人从出生到32岁进行了跟踪调查。排除了社会经济地位、智力和其他因素，研究发现，在儿童时期克制力较弱的人更容易出现药物、酒精和肥胖问题，更容易从事低收入工作，更可能染上性病，更可能最后进了监狱。那些克制力强的人更健康、更富有、更有可能拥有稳定的婚姻，在双亲家庭中抚养他们的孩子。

还有另一项发现至少同样重要：意志力和毅力可以通过训练加强。这就是文化起作用的地方。培养孩子控制冲动的能力，是他们获得成功的有力杠杆——这其实对任何人、任何年龄段都有效。

但只有克制力是不够的：克制力本身与学术成就或赚钱毫无关系。宾夕法尼亚州的阿米什人[1]和其他群体一样有很强的自制力。他们拒绝使用电，也不享受任何现代化的便利，但他们并没有在学术或经济上取得什么成就，因为他们的文化让他们偏离了这些目标。

换句话说，单独谈克制力，那仅仅是禁欲主义。就像前面一样，只有“三要素”中的三个要素相互融合，才能产生动力，带来经济上的成功。

2012 年 10 月 8 日，曼哈顿下城的观众以及世界各地的互联网用户都可以看到一个人站在一根 6 米高的窄柱子上，挑战他的 72 小时连续站立记录。他身上连着 100 万伏特的电线，会有人偶尔对着他身体放电[2]，但他一直没有掉下来。

---

1 阿米什人（Amish）是基督新教重洗派门诺会中的一个信徒分支（又称亚米胥派），以拒绝汽车及电力等现代设施，过着简朴的生活而闻名。18 世纪初，许多阿米什人与门诺会信徒因为诸多原因移居宾夕法尼亚州。时至今日，大多数阿米什人传统后裔仍然说宾夕法尼亚德语（或称宾夕法尼亚荷兰语）。——译者注

2 原文是 He also happened to be attached to wires jolting his body with a million volts of electricity。这里作者写得不太清楚。实际上在这个挑战中，这个人身边有 7 个特斯拉线圈，对着他放电。他身上穿着法拉第服，并不会受伤。——译者注

媒体对此无动于衷。毕竟，同样是这个人，在时代广场把自己困在大冰块里超过了 60 个小时（过了一个月，他的腿才能动）；同样是这个人，悬挂在泰晤士河上的有机玻璃柜中禁食了 44 天（直到他的身体开始消化自己的器官）。世界已经厌倦了大卫·布莱恩(David Blaine）的壮举。一张英文报纸颇为讽刺地评论说：“曾经，看布莱恩做过的某些事多少还算有意思——那些事情可不是连续几个小时什么都不干啊。”

卡夫卡的读者应该还记得，他的“饥饿艺术家”也遭到了同样的命运：一开始受人欢呼，最后被忽略和遗忘，在马戏团外面的笼子里活活饿死。布莱恩和卡夫卡小说里的主角都有一个共同的信念，就是对忍耐力极限的追求——这是西方思想中一个很常见的理念，至少是在斯多葛学派 2500 年前提出来以后就是如此。斯多葛学派的圣人通过掌控自己的感情——即使在极端困难的情况下也能控制自己的冲动——来展示他在道德上的完美。大卫·布莱恩就是个更极端的斯多葛学派禁欲主义者。

我们在这里提到布莱恩的壮举、卡夫卡的饥饿艺术家和斯多葛学派的禁欲主义，就是想说，他们都是某种优越感和克制力融合的例子：相信自己在克制力上高人一等，通过克制力能获得更高的成就；这会产生一个自我实现的循环，让你的克制力越来越强。在极端情况下，这些依靠克制力建立起优越感的个人会站在柱子顶端忍受电击。但在比较温和的情况下，它就是“三要素”文化另一种特有的、强大的动力。美国许多最成功的群体都把克制力融入他们的优越感之中，为自己能忍受逆境而感到自豪，并努力培养他们的孩子获得这种能力。

这一点在华裔移民中表现得更为明显——今天，三分之二的华裔美国人是移民。事实上，华裔美国人不仅具有克制的美德，而且毫无疑问具备了“三要素”中的所有特质。

在亚洲，每个人都知道中国人巨大的优越感。“中国”这个名字经常被本色翻译成“中央王国”（Middle Kingdom），言外之意就是“世界的中心”或“文明的中心”。中国的皇帝干脆就叫“天子”。

如果说所有社会在某种程度上都是民族中心主义的，那么，各种特殊环境的结合将中国造就成了一个极端的例子。由于四周都有自然屏障，中国几千年来较少与诸如欧洲文明、印度文明和中东文明这些外界的伟大文明接触。相反，中国的邻居是分散的游牧部落。在历史上的大部分时间里，中国是一个幅员辽阔、统一人口最多的国家，也是当时世界城市化程度最高，受教育程度最高，在技术、政治和文化上最先进的国家。正如历史学家费正清说的那样：“中国自古以来就是一个文化孤岛，它自然会认为自己比未开化的周边民族优越，并逐渐吸收和同化了他们。”

和希腊人一样，中国的古代汉族人认为所有的外国民族都是“蛮夷”。那些不接受中国文化的民族就是“生人”；那些愿意接受中国文化的会被更慷慨地称为“熟人”。柬埔寨、中亚、印度尼西亚、日本、朝鲜和越南都曾是中国的“藩属国”，他们的统治者要向中国“进贡”，而且严格来说，要向皇帝跪拜。因为中国人的优越感主要是道德和文化方面的，所以即使在军事力量不足的情况下，这种优越感也可以保持。

明朝（1368—1644）推翻蒙古的统治后，中国达到了世界历史上前所未有的高度。它的人口超过1亿，至少是欧洲所有国家人口总和的两倍。当欧洲忙着慢慢爬出中世纪时，中国已经拥有纸币、印刷机、火药和世界上最大的冶铁工业。在它的鼎盛时期，明朝的海军有3500多艘船，包括可以容纳近1000名乘客的“宝船”，运货量是欧洲最大船只的400倍。与之相比，英王亨利五世为征服法国而组建的“皇家舰队”由4艘渔船组成，每艘渔船每次能运送100人横渡英吉利海峡；哥伦布乘坐的尼娜号，大约只有中国宝船的船舵那么大。

当明朝完成迁都紫禁城后，邀请2.6万名宾客赴宴，享用了摆放在精美瓷器上的10道菜宴席。而在亨利五世和瓦卢瓦王朝的凯瑟琳成婚的婚宴上，600名宾客吃的是用陈面包当“盘子”盛着的咸鳕鱼。在这一时期以及之后很长一段时间里，中国人相信亚洲乃至全世界的国家和民族都臣服在了天子脚下。直到1818年，当强大的欧洲列强即将占领中国时，清朝的御史仍然把英国、荷兰和葡萄牙称为“向中国进贡的蛮夷国家”。

今天，不管是在美国还是在全世界的任何地方，伴随中国孩子长大的都是这样的故事：中国文明为什么是世界上最古老、最灿烂的文明；中国以前为什么远远地超越西方；像日本这样的国家如何一切效仿中国（包括寿司、折纸和汉字），中国的语言为何是最微妙、最复杂、最精密的语言——当然还有中国菜。一位华裔美国作家回忆他的父亲：

常常不放过任何一个机会来展示中国文明在古代是多么先进。他总是嘲笑我在课堂上看的美国历史书："你们这些孩子在美国过得太轻松了！你只需要学习200年的美国历史！我们在学校必须学5000多年的中国历史！灿烂的中华文明比美国文明存在的时间可要长多了！"每次我们出去吃意大利菜的时候，他都会告诉我比萨饼和意大利面条最初是中国人发明的而不是意大利人，接着就自豪地说起中国人是如何在欧洲人之前几千年就发明了所有东西。

雅芳公司前首席执行官钟彬娴小时候也接触过类似的观点："在我们家，生活中所有重要的东西都来自中国，都是中国人发明的，都要归功于中国人。"钟彬娴说，这种对中国历史的自豪感，给她的成长带来了一个重要的优势。"对我来说，我的中国血统是一个奇妙的指南针，一个意外的礼物，一个巨大的力量源泉。"

但是中国经济的长期停滞和衰退——保罗·肯尼迪（Paul Kennedy）等历史学家认为开始于15世纪，尤其是在欧洲主宰世界的时候，这种形势在优越感中也掺入了深深的不安全感。西方列强强加给中国的不平等条约，以及它们的"通商口岸"和"外国租界"，使中国备受羞辱。鸦片战争战败后被迫赔款割地。据称，在中国境内，曾有过"华人与狗不得入内"的牌子。直到1949年中华人民共和国宣布成立，"中国人民从此站起来了"。在今天蓬勃发展、日益自信的中国，这个压在所有人身上的重担——有必要让东方和西方都"刮目相看”——始终是强大的、明显的力量源泉。

因此，1965年后，当数十万中国移民开始抵达美国时，许多人的心态不仅充满了优越感，也充满了不安全感。到了这里，这种不安全感也是只增不减。和许多刚到美国的人一样，中国移民常常承受着“外来者和被边缘化的双重压力”：他们口音古怪，衣着失当，他们不知道东南西北,也不知道如何生活。有些人担心无法养家糊口。一位华裔美国人回忆起他父亲坚决要求他在学校里拿到好成绩，因为只有那样，“你就不必像我一样在餐馆里汗流浃背地打工”。被美国人看不起让许多人耿耿于怀。一位华裔美国妇女说：“我们英语说得不是很地道，好吧……事实上，大多数来这里学习、来接受高等教育的中国人，都是我们社会里的精英。但是这里的人完全不知道这些，他们和你说话就像对傻子说话一样。”

此外，有迹象表明，随着中国日益崛起的全球影响力，以及对华裔美国人在学校的优异表现不满——有时他们会被指责为“学习太刻苦”，可能会重新燃起美国的敌意。这反过来又会加剧华裔美国人的不安全感。

在经典的“三要素”文化中，华裔美国人的优越感和不安全感的结合常常会产生一种“他们怎么敢小瞧我”的心态和想要证明自己的钢铁意志。一位20世纪90年代年幼时来到美国的华裔妇女仍然记得，当一位老师告诉她母亲“她永远学不会英语”时，她感到大受刺激。如今她已是一名专业技术人员，她说：“我是如此迫切地想证明她错了。我苦读书自学英语，最终在SAT口语考试中得了满分。”

林书豪在 NBA 备受关注的时期，也同样说过这一想要证明自己的话：

> 我知道很多人说我看似运动能力强，反应快，但我不确定他们说“看似”是什么意思。可能因为我是亚裔美国人吧。但我想，这样也好。我接受这一切，它是激励我前进的动力。

林书豪还说：“我将不得不一次又一次地证明自己，同样，有些人还是会不相信。”

在最近一项针对纽约市华裔群体的研究中，类似的话题反复出现。“作为一个中国人永远不是加分项，它永远是对你不利的东西。”一位华裔美国受访者还记得她身为物理学家的父亲对她说过的话，“我父亲希望我们更聪明。你必须比其他人更聪明，比大多数人更聪明。因为，除非你得 110 分，否则他们就不会录取你。”华裔美国小说家闵安琪在书中描绘过对自己上高中的女儿说过的话：“我最好告诉你真相。如果美国崇尚不分种族的竞争，那么全国的顶尖大学就会挤满勤奋的亚洲人。你听美国人说过‘你连中国人的机会都没有’[1]吗？中国人，说的就是你。”一位住在纽约皇后区的华裔移民警告他的儿子：“你必须工作得更努力……他们会看不起你的……你必须比

1 原文为 You don't stand a Chinaman's chance。这是一句美国俗语，意思是机会很小或是根本没有机会，充满了歧视的味道。它的来源不明，可能是在加利福尼亚的淘金热中，中国人得到消息较晚，从中国过去后已经没有多少机会了。——译者注

白人优秀得多才行。”

华裔移民父母通过什么方法让他们的孩子“比白人更好”呢？通过克制力。

中文里有一个词：吃苦。中国人都知道这个词，每个在美国的华裔移民都知道这个词，恐怕他们的孩子也都非常熟悉这个词。从字面上翻译，“吃苦”的意思是“吃下苦难”，指的是忍受苦难的能力。它和毅力、勤奋一起，是儒家最基本的“学习美德”。一千年来，这些美德——包括自律、自制、不抱怨、不沉湎、不放弃——一直是中国以及儒家文化的社会中培养、教育孩子的基本准则。

在“学习应该是快乐的”以及“学任何东西都是困难的、疲惫的，甚至是痛苦的”二者之间，有一条文化鸿沟。只要去中国或者新加坡的任何一所小学看看，你都会发现，孩子们并不是在跑来跑去、四处探索，因为新想法、新点子而受到奖励，你会发现他们都坐得笔直，在那里反复练习，不断记忆，反复背诵。书法是学校的一门基本功课，教的是耐心、自制以及规矩。无论是放学后还是周末，哪怕是非常小的孩子也很少“和朋友出去玩”。他们一般都是上几个小时的课外班，然后再花更多的时间进行严格的音乐或者体育训练。“你需要更努力，不要这么懒”，这是中国母亲对自己孩子的典型评价（在 2008 年一项大型的家庭教育比较研究中有记录），而且人们认为这句话并不是苛求，而是对孩子的支持。

这是在亚洲的情况。那么住在美国的华裔呢？理论上讲，大约

66% 的第一代华裔美国移民可能会反对传统的中式教育。毕竟，他们中的许多人都是由极其严格的父母养大的，如今越来越多的人认为，父母表达爱意并给孩子更多的自由是很重要的。但是，一个又一个的研究——有大量这方面的研究——证实，总体来说，中国移民在教育孩子上比非亚裔美国人严格得多，他们把纪律、高期望、坚持不懈和自我控制作为孩子日常生活行为要求的一部分。

亚裔美国儿童中的钢琴家或小提琴家有很多，大家都见怪不怪了。令人不解的不仅是亚裔美国父母怎么能培养出这些优秀的音乐家，还有为什么。那种艰苦的、连续几小时的练习有什么意义？在一项研究中，茱莉亚音乐学院预科生的亚裔移民父母（主要是华裔和韩裔）认为，纪律、专注、刻苦和自我牺牲是典型的“亚洲”品质，但它们不是与生俱来的。相反，这些品质需要“习得”和“反复练习”。父母希望在孩子很小的时候“就通过古典音乐的训练培养他们这些品质”。一位家长表示：“如果他们能学会一种乐器，那他们在学习科学、数学时就不会遇到任何大问题。因为如果你有这样的自律，专心致志地去克服障碍，一遍一遍地做某件事，那么你就会知道，‘哦，如果我竭尽全力，我就会赢’。”

华裔的移民父母——当然也有很多例外——无论富裕还是贫穷，受过良好教育还是没受过教育，通常要求孩子遵守的规则和规范与美国的白人家庭截然不同。下面是一些实证研究中的经典发现。华裔的美国学龄前和幼儿园儿童每天在家参与一项“需要专注的活动”的时间约为 1 小时，而同龄的美国白人儿童每天参与的时间不到 6 分钟。华裔美国儿童看电视的时间比美国白人儿童少三分之一。亚裔孩子更愿意把在学校的成功或失败归因于学生的努力程度，而美国白人孩子更愿意把它们归因于天赋、运气或老师的“偏心”。

华裔的移民母亲往往要求她们的孩子在家里做课外作业，而大多数美国白人母亲更有兴趣培养孩子的社交能力和自信心。美捷步公司的创始人谢家华回忆说，他的父母是来自中国台湾的移民，他们让他从六年级起就开始准备SAT考试。他每天要练习钢琴、小提琴、小号和法国号各半个小时；在周末和暑假，每天每件乐器要练习一个小时。他后来终于想出了办法糊弄自己的父母：他一边用录音带播放自己的练习录音，一边看杂志。[1]

研究还证实，在子女的社交活动方面，华裔移民父母一般比西方父母要严格得多。他们经常限制孩子放学后和朋友“出去玩”、打电话。而且，随着孩子长大，还会限制他们约会和参加深夜派对。在一项对郊区以及工薪阶层的华裔移民的研究中，社会学家维维安·路易发现，“其他孩子认为理所当然的事情，比如在外过夜，在华裔移民家庭中却常常是争论的焦点”。她的一位受访者回忆道：“很

1　最近大众媒体上广泛报道的一项研究表明，严厉的家庭教育在华裔美国家庭中“并不常见”，而“鼓励式”教育是常态。然而，这项研究和已有的公认发现并不矛盾，也就是说，比起大多数其他美国父母，华裔移民对自己的孩子经常施加更多的约束，提出更高的要求。而这项研究并没有询问特定的家庭教育方式，比如孩子放学后做什么，得多少分可以接受，或者要求他们学习或者训练多少个小时，也没有对比华裔父母和其他父母。它采用的方式是要求华裔父母根据一些特定短语为自己打分，比如，他们是不是“关心孩子”，“倾听”他们的谈话，“鼓励”还是“侮辱或咒骂”孩子，“孩子有话要说时，转移话题”或者“无缘无故或者只为一点小事……惩罚孩子”。根据他们的回答（父母和孩子的回答），研究人员认为，大多数（或者接近大多数）华裔父母是相对“鼓励型”的父母。但是，这个调查中并未涉及这个问题：按照美国的标准，这些父母是不是严格的父母，是不是在实行更严格的纪律或者要求养成更严格的工作习惯。有关来源和更多讨论，请参见尾注。

长一段时间，父母都不允许我在别人家过夜。比如他们会说，上帝不允许这样，我会因此堕落（笑）。但那是我小时候的事。后来我长大了一些，他们就真的只剩下学习上的要求了。”另一位受访者说，当她知道她的其他华裔美国朋友也要为类似的规则斗争时，她感觉好多了，“我有一个朋友，她比我大，却哪儿也去不了，而且她还不敢让妈妈知道她有男朋友。她也不能出去玩到晚上 12 点、1 点”。

克制力带来的不愉快，在华裔移民家庭中经常引发代际冲突。维维安·路易的受访者经常提到和父母争吵，对他们遮遮掩掩，或者让他们“抓狂”这类字眼。这样的家庭教育会导致挫折、疏远和反叛。在极端情况下——我们将在下一章中讨论——会产生严重的破坏性影响。然而，人们最终发现，华裔移民的孩子养成了自律和坚持的习惯，超过了他们的非亚裔同龄人——他们自己通常认为，这些习惯让他们具有“教育优势”。尽管华裔移民父母可能很少说出来，但他们教给孩子的意志力，与中国人在工作伦理上的优越感和吃苦的能力紧密相连。正如茱莉亚音乐学院的一位家长说的那样，美国各地的高中弦乐队中亚裔比例非常高的原因是：

> 美国孩子没有纪律。他们开派对、约会，他们踢足球、在外面玩，有很多的户外活动。但为了音乐，你必须做出牺牲。美国家庭做不到这一点……所以有弦乐组和管乐组。管乐不需要经常练习，它很容易演奏……你会看到管乐组中美国孩子更多，而弦乐组中亚洲孩子更多，因为他们更有纪律。

即使在亚裔中，把孩子送到茱莉亚音乐学院的父母可能也算是比较极端的，但这些观点并非他们独有。在皮尤研究中心的一项全国性调查中，有超过 62% 的亚裔美国人认同“大多数美国父母没有对孩子施加足够的压力，要求他们在学校取得好成绩”。事实上，华裔（和其他亚裔）移民父母有时认为，美国父母缺乏职业道德和勤奋精神，而这些正是他们试图教给孩子的。在一项研究中，被调查者说：“美国的父母，如果做出牺牲太难，他们就不做了。他们不喜欢这样，他们自己也有点像孩子……所以我们总是优先考虑孩子。什么对他们好，我们就尽力提供给他们。”

因此，他们在孩子身上培养的克制力成了中国人优越感的一部分，结果往往是让孩子们苦不堪言，这种彻头彻尾、全力以赴、高强度的“三要素”的重压成了家庭生活中根深蒂固的一部分。一位来自中国台湾的年轻美国专业技术人员的回忆十分典型：

> 我和哥哥在学校取得优异成绩后，回到家并不会得到多少表扬：这是你本来就应该做到的。毕竟，我们是班上唯一的华裔（或亚裔）学生……我们还没有和真正的竞争对手比较……他们的评价大多是：“做得不错，但别忘了，在台北、北京和帕洛阿尔托[1]，有的是比你更年轻的中国孩子，他们学习更好，工作

1 旧金山边上的一座城市。——译者注

也更努力。”甚至在我8岁的时候，我们就已经有了一种落后的感觉。餐桌上的谈话似乎都是在更新我们家又听说的优秀亚裔孩子的最新状态：某某的儿子刚被斯坦福大学录取；以前同宿舍的某某的女儿刚以全班第一的成绩毕业……在这些陈述中隐含了一个假设，即华裔学生（华裔美国人和中国本土的人）更勤奋，也更有可能在学校里以及走出学校后取得成功。

在这里，“三要素”文化中的三股力量表现得淋漓尽致。即使告诉孩子他们“已经落后”了，但他们属于一个文化上更优越的群体，因此也更有能力，这一点是不言而喻的。唯一真正有价值的成功是传统意义上的获得名声的成功，比如考上斯坦福大学，以班上第一名的成绩毕业。在这种优越感和不安全感同时存在的情况下，要想获得成功，要想不辜负期望，要想证明自己，唯一的方法就是更加努力地工作，绝不懈怠。

刚才说的有关华裔美国人培养孩子克制力的话，大部分都能用在其他成功的移民群体上。第一代韩国裔移民和印度裔移民——当然总会有例外——对他们的孩子在学习上往往都提出高要求。美国联邦检察官普里特·巴拉拉称他的印度移民父亲是“虎爸”，要求他每次考试都得满分。这些父母当中有很多人在孩子很小的时候就教他们字母表，让他们在家里做课外数学题（因为他们经常觉得美国小学里教的数学太简单了）。一位南亚裔的大学生告诉我们：

我记得在中学学习小数的时候，我总是找不到窍门。我父亲一天工作了12个小时筋疲力尽地回来后，还要整晚上陪着我。我清楚地记得，他会给我两秒钟的时间答题。我记得他一下子让我答了几百道题，很累、很烦躁。但今天，数学对我来说是小菜一碟，这完全是我父亲的功劳。

一般来讲，这些移民父母希望他们的孩子放学后直接回家，做些“有用的”事，并严格限制社交活动。“我的父母一直很纠结，怕我们被自由放任的美国价值观污染。”一位年轻的印度裔美国妇女说，“这简直就像是，他们认为我在22岁之前，除了学习什么都不该做，然后在25岁的时候，突然不知怎么地就嫁给了一个不错的印度男人。”一位尼日利亚裔美国家长说，她总是告诉她的孩子：“我们是你的父母，我们工作就是供养你，而你的工作就是好好学习。我们不需要你付钱给我们。你的工作是上学、认真听讲，回家、好好做作业。”另一位尼日利亚裔美国母亲说：“除非你要买东西，否则我们家是不允许去购物中心逛的。你不能像这个国家的一些人那样去商场闲逛。”

就像在华裔美国家庭中一样，这些严格的规定会引发激烈的冲突，尤其是孩子到了十几岁，开始发现他们的生活和朋友们的竟然如此不同。正如两位年轻的韩国裔美国人解释的那样：

在学校里，你和你的白人朋友聊天……（和他们一起）去朋友家过夜，涂指甲油，吃比萨饼，但当你回到家里……就像回到了另一个不同的世界……我们很多人的父母都是第一代移民。我们知道韩国人家里会发生什么……父母的压力……“学习、学习、学习，嫁给韩国人，不许顶嘴”。

不难理解这些移民为什么要这么严格地培养孩子。移民往往来自更传统的社会；他们的经济地位相对不稳定；他们是外来者，经常对他们眼中过于宽松的美国文化提心吊胆；他们认为学业成就是孩子获得更有保障的未来的最佳（或许是唯一）的途径。基于这些所有原因，人们发现，来自不同背景的移民父母“对孩子的期望都高于本地父母”，也许比其他美国人更愿意培养孩子的克制力。

这一点在亚裔移民身上表现得更为明显，吸毒和酗酒的人口占比就是明证。亚裔美国青少年（以及所有亚裔美国人）中，吸毒和酗酒的比例比美国任何一个族群都低得多。亚裔美国青少年女孩早孕的比例到目前为止也是所有族群中最低的（2010 年，每 1000 名亚裔美国人中大约有 11 个人，相比之下，西语裔中约有 56 人，黑人中约有 52 人，白人中约有 24 人）。青少年女孩早孕以及青少年男孩涉毒犯罪，都与将来不利的经济地位高低息息相关。所以亚裔美国人在这些方面的克制力为他们获得超出人口占比的成功做出了贡献。

一个很明显的现象就是，克制力可以从一个领域转移到另一个领域。

克制力就像耐力。如果你连续几个月每隔几天就跑 9 千米，你的耐力就会增强。你不仅会跑得更远，而且你会比以前更好地完成与跑步无关的体力工作。许多研究已经证明，克制力也是如此。如果定期要求一个人做一件需要克制力的事情——哪怕只是让他们坐直——即使只有几周的时间，他们的整体意志力也会得到加强。突然之间，他们在各种需要注意力、毅力或者抵制诱惑的事情上都会做得更好。

正是出于上述原因，即使在特定文化中强调的克制力与在学校中取得好成绩毫无关系，但在这种严格要求下成长起来的孩子也会越发出众。我们来看看摩尔门教徒的例子。

很多人都知道摩尔门教徒不喝酒。根据摩尔门教会的解释，《智慧语》[1]——摩尔门教徒的"健康守则",可以追溯到1833年的一份启示——要求摩尔门教徒不仅要戒酒，还要戒烟、戒咖啡、戒茶，当然还要戒毒品。赌博、色情、通奸和堕胎都是邪恶的。婚前性行为和婚外性行为是绝对禁止的,"它的罪过仅次于谋杀和'否认圣灵'"。

摩尔门教徒在很小的时候就被反复教导，要遵守纪律和自我控制。摩尔门教家庭每个星期天要花3个小时在教堂里，孩子们在3岁的时候开始上主日学校，14岁进入青少年的时候，教会会鼓励他们进入神学院。许多人每天早上5点起床，在正常上课之前，参加一个小时的圣经学习班。这些培养儿童"健康生活"的努力看上去

1 《智慧语》是摩尔门教会出版的《教义和圣约》中的一个章节，该段经文中有关于饮食的规定。——译者注

卓有成效。根据为期四年的美国青少年与宗教的研究结果显示，相比其他宗教的青少年，摩尔门教的青少年在发生性行为、饮酒、抽大麻或者观看限制级电影的可能性都更小。

然而，对于大多数摩尔门教的男女信徒来说，决定他们人生的核心经历是传教——在一个指定地点待上两年，这基本上就是一个克制力训练营。这种经历从“传教士培训中心”开始，最大的培训中心位于犹他州的普罗沃市。在那里，青年男女要在长达两个月的艰苦训练中学习语言、研读《圣经》,并以“军事效率”训练传教技巧。（“传教士培训中心和监狱有什么区别？”有个很常见的笑话是这样说的，“在监狱里，你可以给家里打电话”。）

传教地点可能是从新泽西到加纳之间的任何地方。一旦开始传教，传教士们每天都要穿着西装打着领带（或穿着整洁的裙子），一天工作 10 到 14 个小时，一周工作 6 天，第 7 天打扫房子。他们没有任何经济补偿；他们必须放弃汽车、电影和爱情。他们大多住在相对贫困的地区，经常遭到陌生人的拒绝、排斥或侮辱，因为他们试图改变对方的信仰。美国运通前首席财务官加里·克里滕登表示，“传教教会了你坚持不懈”。

摩尔门教徒传教时另一个特别之处是“陪伴”要求。摩尔门教要求两人一组完成传教。两个人一天24小时都要待在一起,一起吃饭、工作、学习、祈祷、睡觉，甚至不允许单独散步或者去商店。对一些人来说，共同生活结下了永久的友谊；对另一些人来说，这本身就是在锻炼克制力。正如一位传教士说的：“一开始，这种陪伴要求太让人痛苦了。你在一个强调个性和隐私的社会里生活了19年，然后，一切都变了。你天天和另一个人在一起，而且这个人还不是你选的。在某些情况下，他绝对不是你会选的人。”在几乎所有的情况下，作为一种监督机制和鼓励他们遵守艰苦的传教生活的准则，“陪伴”对这两个传教士自身和他们彼此都有用。

摩尔门教青年受到的严格培养对有些人来说确实承受不了，但毫无疑问，它培养出了大量的、勤奋工作的摩尔门教成年人。人们都知道，摩尔门教的商人不打高尔夫球，不在公司烧烤聚会时喝啤酒，甚至连外出午餐时都不能来一杯马丁尼[1]。就连很多允许的社交活动他们也很少参加，而是把“业余”时间留给教堂、社区和“家庭之夜”这样的风俗习惯。每周一晚上，摩尔门教的父母大多会留出时间，虔诚地，和孩子们一起度过“家庭之夜”。

因此，摩尔门教徒向我们展现出一个极好的“三要素”文化的实例。我们看到了一个群体，他们相信自己实实在在是上帝的孩子——“胚胎中的上帝”来到地球，引领世界获得救赎。他们知道，自己的生活方式比周围“道德沦丧的海洋”更优越。然而，与此同时，他们在美国仍然被边缘化，被怀疑，一直被视为邪教、离经叛道或者“令人毛骨悚然”（米特·罗姆尼的儿子们就被人反复如此描述）。几个新教教派已经正式声明，他们“不承认摩尔门教会是基督教会”。

---

1 “三杯马丁尼的午餐”是一句美国俗语，指商人或者律师中午吃的悠闲的午餐。人们普遍认为从事上述职业的人有足够的闲暇时间和财力在工作时间喝上三杯马丁尼酒。这里的“一杯马丁尼的午餐”是对应这个说法的。——译者注

在 2006 年南卡罗来纳州的一次民意调查中，44% 的人相信摩尔门教徒仍然实行一夫多妻制；在一项全国性的民意调查中，53% 的人表示他们对摩尔门教徒候选人“有所保留”或者“感到非常不舒服”。

这些猜疑在许多摩尔门教徒中引起了深刻、矛盾的心理。一方面，摩尔门教徒希望驳斥那些怀疑他们的人，希望融入社会，被当作“正常的”美国人。另一方面，他们又想保持自己上帝“特殊子民”的身份，有自己独特的信仰、价值观和行为规范。在随之而来的“认知失调”中，摩尔门教徒有时会把自己描绘成一个外表整洁、典型的美国形象。但这种形象太过夸张，很多美国人甚至觉得它是摩尔门教徒的专属——当然，摩尔门教徒并不确定他们是不是在意这一点。

甚至在摩尔门教徒面临灭绝威胁时，约瑟·斯密还在竞选总统。从那时起，这种内在的冲突就固化在了摩尔门教派之中。来自犹他州的摩尔门教资深参议员奥林·哈奇脖子上戴着一只犹太人门框上的经文匣，里面装有写着《圣经》经文的羊皮纸卷。他解释说：“我戴着它只是为了提醒自己，要确保在任何地方都不会再有大屠杀了。你看，摩尔门教是这个国家历史上唯一曾被下令消灭的教会。”社会学家以及虔诚的摩尔门教徒阿曼德·莫斯（Armand Mauss）说，在它的整个历史中，摩尔门教在同化和收缩，在受人尊敬和独树一帜之间摇摆不定。

有个故事显示出摩尔门教的内在冲突。故事中有一位纯洁如圣徒般的年轻女子，她不抽烟也不喝酒，却受到了一位既是吸血鬼又是圣洁天使、亦正亦邪的超自然人类的诱惑。毫无疑问，这正是超级火爆的系列小说《暮光之城》中的情节，它的作者就是一位善于观察的摩尔门教徒。这样的内在冲突完全可以写上一整篇论文（毫无疑问已经有人在写了）。它解释的就是摩尔门教徒不安全感的本质：一半在里面，一半在外面；一半正常，一半独特；既想被他人接纳，又想改造他人；事实上是想被那些他们想改宗皈依的人接纳。

在典型的“三要素”文化的模式下，很多摩尔门教徒获得了一种严格自律的动力，希望通过商业上的成功和其他看得见的荣誉来证明自己。“作为一个在犹他州长大的人……我总感到肩上的重担。”麦迪逊广场花园前首席执行官戴夫·切克茨解释说，“我们觉得自己是很好的公民，很好的人，但被误解了。”切克茨还说：“我很大一部分动力来自这种要证明自己的需要。”捷蓝航空创始人兼首席执行官戴维·尼尔曼认为，“摩尔门教是这个星球上被人误解最深的组织之一”。谈到他的严格自律时，他说：“一切都是为了比别人做得更好。”

正如马克斯·韦伯研究的早期加尔文主义者（Calvinist）的职业道德一样，对摩尔门教徒来说，商业上的成功不仅证明了他们的价值观和生活方式优于他人，而且还证明他们受到了神的眷顾。文学评论家哈罗德·布鲁姆（Harold Bloom）毫不夸张地将摩尔门教徒称为“一群不合时宜的清教徒”，或许“是宗教史上最严重的工作狂文化”。

* * *

禁欲主义从来没有在犹太教中占据重要地位，但是冲动控制无疑是犹太教和犹太人的传统生活方式的基础。

“十诫”可以称为“十种要控制的强烈冲动”。它们只是交给摩西用以约束犹太人的几百条永恒的律法——根据犹太传统，准确地说是 613 条——中的一小部分。早期的拉比犹太教[1]认为自制力是一种最高的道德。“谁是强者？”《塔木德》问。“克制自己感情的人，”它回答道，“不轻易发怒的人比英雄更强，能控制自己意志的人比征服一座城市的人更强。”根据希腊化时期的犹太哲学家斐洛（Philo）的说法，斯多葛学派的自我控制——自制力或者克制力——是摩西律法的核心，而且在这方面犹太人是所有民族的典范：摩西“告诫（犹太人），在生活的一切事务上都要（保持克制力）管好舌头、肚子以及肚子下面的器官”。

几个世纪的漫长岁月里，拉比的解释和实际应用使犹太律法的规则成倍地增加。直到 16 世纪，才有了一个缩写版的规范：《犹太律法规范》——包含了数千条规则，管理着生活中从睁眼到睡着的方方面面。排外和反犹主义让犹太人的社会地位岌岌可危，这可能加强了犹太人自律的习惯。伊曼努尔·康德（Immanuel Kant）沿着这个思路在 18 世纪晚期提出了一个理论，解释犹太人的节制。康德写道：“犹太人通常不会喝醉，或者至少他们会小心翼翼地避免表现出来。”他认为，其原因在于犹太人的“公民身份”是“脆弱的”和不安全的。因此，犹太人需要小心谨慎，“为此就要保持清醒、节制”。

诚然，19 世纪的美国犹太人主要来自德国，通常支持犹太人同化

---

1 拉比犹太教是第二圣殿被毁后兴起的犹太教派别，在公元 6 世纪后成为犹太教的主流。《塔木德》是拉比犹太教中记载犹太人口耳相传的生活习惯的书。——译者注

主义改革运动，摆脱了大部分古老的犹太律法的束缚。1885 年，美国主要的改革派拉比宣称，割礼是“野蛮的非洲生活的残余”，一种过时的成人礼。1883 年，在庆祝希伯来联合大学（Hebrew Union College）——美国第一所犹太神学院，也是犹太人同化改革的最高成就——第一届拉比毕业的宴会上，菜单上有小帘蛤、“虾仁沙拉”和青蛙腿[1]。

但是从 1890 年左右开始，数百万东欧和俄罗斯犹太人涌入纽约，带来了正统的犹太教，他们仍然坚持所有的古老传统。在 1914 年一本描述犹太人生活的书里，作者写道，和东欧的正统犹太人一样，在美国新犹太飞地里，犹太人严守着清规戒律。“从摇篮到坟墓，每天的生活都遵守着中世纪法典《犹太律法规范》中详尽的规定。”这就是沙俄的“栅栏区”（Pale）以及东欧犹太人小村中的犹太教[2]。在他们贫穷的村庄中有位（犹太）观察者说，被强迫住在一起的犹太人，他们强加在自己身上的克制力让他们生活在“捆绑和束缚”之下：

> （犹太人）甚至愿意放弃犹太律法允许他们享受的乐趣。他们不断给自己加上新的枷锁。他们藏起自己的本能冲动。他们放弃了本性中黑暗的部分。他们的耳朵只用来听律法，眼睛只用来看经文，声音也只是呼喊：“以色列呀！你要听！[3]”

1 这些都不是犹太洁食。犹太教不吃贝类、无鳞无翅的水生动物。——译者注

2 “栅栏区”是沙俄西部的一个区域，沙俄仅允许犹太人在这里永久居住。“犹太人小村”（shtetl）是纳粹大屠杀之前，在中欧以及东欧的犹太人聚居的小村镇。——译者注

3 这句话出自《申命记》第 6 章第 4 节（申 6:4）。——译者注

甚至连犹太人的安息日——很多犹太人把它看成是家庭团聚的宝贵休息日——也成了一种纪律严明、需要自我克制的生活制度。要遵守的惯例包括几个小时的安息日服务以及律法研究。如果家庭有马和马车，也不能使用（因为安息日禁止骑马）。根据拉比精妙的推理，安息日同样禁止娱乐。例如，如果犹太儿童住在河流或湖泊附近，虽然很幸运，但他们安息日也不能在里面游泳。因为游泳可能要用到木筏，木筏可能需要修理，修理木筏是工作——而安息日是禁止工作的。

在美国，安息日对有偿工作的核心禁令本身就是一种控制冲动的有力形式，具体地说，是控制挣外快的冲动。《什么使萨米逃走》（*What Makes Sammy Run?*）是 1941 年出版的一部畅销书，讲了一个白手起家的故事，后来成为经久不衰的百老汇音乐剧。书里讲到一位纽约下东区的犹太父亲被他的儿子吓坏了，因为他在周六回家时手里攥着钱：

“我刚才赚了一美元。”萨米说。

“萨米！”他的父亲大声嚷道，“在安息日碰钱，上帝会杀了你的！”

老人一把抢过钱扔下楼梯……

除了数不清的宗教限制之外，20 世纪上半叶典型的犹太裔美国家庭培养孩子的方法和今天任何一个亚裔移民家庭培养孩子的方法都差不多。令人惊讶的是，纽约的犹太报纸很早就开始出现（来自犹太人自己的）反对意见了，反对强加给孩子的压力和课外班——

对我们有些人来说，这些反对的声音听起来熟悉得可怕。1911 年，一位犹太医生在《犹太前进日报》中写道：

> 我们把孩子逼得太紧了。放学后他们学音乐，学《塔木德》的律法。为什么要在我们雄心壮志的祭坛上用他们作牺牲？我们必须拿到所有的奖牌和奖学金吗？医生会告诉你，那么多学生得了神经衰弱和脑膜炎。很多学生都戴着眼镜。每天学习 3 到 5 个小时，一年学 6 个月，比一年 10 个月每天学习 5 到 12 个小时效果好。

练习音乐，尤其是练习钢琴，是这些孩子生活中很重要的一部分。《犹太前进日报》的另一篇批评文章中提到：

> 对寄宿者而言，客厅里有一架钢琴再合意不过，它能为疲惫的工作者带来一丝精神上的快乐。但在大多数情况下，钢琴并不是为了带来快乐，而是为了让小孩子成为殉难者，让他们患上精神疾病。一个小女孩回到家里，做完作业，然后在她用心良苦的父亲的监督下，被迫练琴。他对她的进步从来都不满意，觉得自己掏的五毛钱一节课的学费一点用都没有。练琴在父亲的叫喊和孩子的哭泣声中结束。这些孩子连一分钟自己的时间都没有。他们没有时间玩。

因此，20 世纪初移民到美国的 200 万东欧犹太人带来了严格自律的习惯、宗教禁忌和努力工作的精神；他们不仅自己这么做，也教给他们的孩子这么做。后来犹太人的移民浪潮——比如在二战期间和之后的移民潮——会为美国的犹太文化注入同样的精神。在 20 世纪的大部分时间里，美国的反犹主义让犹太人感到焦虑，这可能也加强了他们的自律——康德认为在德国就发生了这样的事。面对这些偏见，20 世纪的美国犹太人最终在医学、科学、法律、音乐这些需要多年学习或积累的专业以及职业领域中，取得了超出人口占比的成功，这正是他们自律的习惯以及坚持不懈的精神的明证。

今天，我们已经不太确定克制力是否仍然是美国犹太文化的核心要素。正统犹太教已经衰落，反犹主义也是如此。当代美国的犹太父母，特别是高收入阶层，对“督促”他们的孩子感到更加矛盾（至少对外是这样讲的）。在一些圈子里，犹太人的成人礼变成了花费 25 万美元为 13 岁青少年初入社交圈举办的舞会，这已经无法证明他们有自我克制或抵制诱惑的文化了。在 21 世纪初的一次成人礼上，穿着紧身连衣裤的犹太女孩从华尔街西普里阿尼餐厅的天花板上吊着威亚降落在她的派对上。然后“乔恩·邦·乔维为她演唱了大约 45 分钟”。这次成人礼的花费估计高达 7 位数。失去了克制力也就不再是“三要素”文化了。今天，美国的犹太文化是否已经失去了克制力，是我们将要讨论的话题。

美国是克制力最大的破坏者。中国的教育传统强调训练、服从和纪律，但它唯一无法生存的地方看起来就是美国。整整一代人在美国生活之后，华裔家庭传统的严格教育也软化了：父母的期望值下降，第二代和第三代的学习成绩也急剧下降。

至少，和传统社会相比，当今美国在严格要求儿童以及一般意义上的克制力培养方面并不重视，这已经不是什么新闻了。我们稍后也会讨论这一点，但简单来说，今天的美国宣扬的是一种“活在当下”的文化。

然而，广为人知的真相是，成功人士通常都不是这样生活的。相反，成功人士通常从崇尚这种生活方式的人身上获利。美国垃圾食品公司的高管们极力避免吃自己公司的产品，因此声名狼藉。在某种程度上，美国媒体显然承认而且称赞克制力的价值，采访体育明星时往往强调他们的职业道德和坚忍不拔。甚至近年来最受欢迎的两部电视剧是《火线》（*the Wire*，哈佛大学一门课程的主题）和《绝命毒师》（*Breaking Bad*，多项艾美奖获奖剧目），也都表现和强调了毒枭和他们最好的雇员所表现出的纪律、自制力和毅力，这与他们那些放纵的、勉强糊口的顾客形成了鲜明的对比。

然而，美国文化的现实是，它与传统的纪律严明的家庭教育和成功群体特有的克制力要素背道而驰。这再次强调并解释了一个事实：美国最成功的群体在文化上往往是外来者。在今天的美国，如果一个群体能够抵制占主导地位的美国文化，就更有可能获得成功。

因此，克制力是美国的成功群体中又一个不愿从众的地方。美国喜欢告诉美国人的是：人人平等，接纳自我，活在当下。与此同时，美国的成功群体却告诉他们的成员另外一些事：因为你属于这个群体，所以你有能力做些伟大的事情，但就个人而言，你还不够好，所以你需要自我控制，抵制诱惑，证明自己。

第六章

爬上去之后，扔掉梯子

我们研究“三要素”的目的，恰恰是要抛弃它。在它的严格督促下，一个人可以获得他想要的任何成功——不管是传统意义上的还是非传统意义上的，只要他们在达到这个目标后能够摆脱“三要素”的束缚就可以了。

换句话说，“三要素”就像哲学家维特根斯坦的悖论梯子：爬上去之后就得扔掉。

我们已经展示了“三要素”中的三个要素，以及它们在美国最成功的群体中相互作用产生的动力，我们现在转到一个关键的问题：“三要素”文化到底是福还是祸？一个人在自己的家庭和生活中，到底是该立志重建这种文化，还是该竭力避免它？

“三要素”文化总是有代价的，它带有自身特定的病态特征，我们在这一章中会详细讨论。在评估付出的代价是否值得时，我们有个简单的答案，而且不会错——“三要素”文化可以有效地协助个体获得传统意义上的成功，所以，这一切都取决于你是否认为传统意义上的成功值不值得。对于一些人，例如贫穷的移民，或者是城市贫民区中渴望让子女获得自己从未得到的机会的父母，对他们而言，这肯定非常值得。事实上，讨论传统意义上的成功值不值，对于很多人来说太过奢侈，他们甚至根本承担不起。

但我们还有一个更复杂的答案，它揭示了更深层次的真理。研究“三要素”的目的恰恰是要抛弃它。在它的严格督促下，一个人可以获得他想要的任何成功——不管是传统意义上的还是非传统意义上的，随他们怎么定义都可以，只要他们在达到这个目标后能够摆脱“三要素”的束缚就可以了。换句话说，“三要素”就像维特根斯坦的悖论梯子[1]：爬上去之后就得扔掉。

在这一章的最后，我们会回来讨论这个更复杂的答案。但首先，我们将讨论“三要素”文化中最引人注目的病态特征。

美国是个崇尚年轻的国家，当代美国人对童年时期的意义和童年应有的样子有一套根深蒂固的认识。“三要素”文化对童年的看法显然与之有很大冲突，且被认为是一种过时的观念。

对青春的颂扬可以追溯到美国历史的开端，它是“新”世界和“旧”世界的一个鲜明对比。奥斯卡·王尔德说过这样一句俏皮话：“年轻是美国最古老的传统，流传至今已经300年了。”但自20世纪60年代以来，随着数字革命的加速，美国对年轻或者看起来年轻的迷恋，以及对年老或者看起来年老的蔑视，愈演愈烈。美国文化是一个崇尚年轻的文化，年轻意味着自由、创新、快乐、幸福——而年老则

---

1 维特根斯坦（Wittgenstein）是奥地利哲学家。他生于奥地利，后入英国籍。维特根斯坦是20世纪最有影响力的哲学家之一，其研究领域主要在语言哲学、心灵哲学和数学哲学等方面。在《逻辑哲学论》中的6.54命题中，他写道：“我的命题可以用以下方式解释，了解我的做法的人，会把这些命题当作梯子，越过它们，最终会发现这些梯子是荒谬的（也可以说，当他们爬上去之后，要把梯子扔掉），他必须超越这些命题之后才能正确地看待世界。”——译者注

意味着和这一切相反的事物。

对青春的崇敬也让人开始理想化童年时期。在人们心目中，童年时期是在成年后的约束、否定、压抑、自我怀疑和牢骚满腹之前的人生阶段。童年是——或者应该是——我们一生中最快乐的时光。简单来讲，童年时期应该是快乐的，学习应该是快乐的。称职的父母要为孩子铺平道路，让他们的生活尽可能地没有痛苦，无忧无虑，一帆风顺。

具有“三要素”文化的群体，至少在它们处于上升阶段时，对此有非常不同的看法。在“三要素”文化中，父母把童年时期看作是投资、训练、为将来做准备的时期。在这种看法中，童年时期是有义务要承担的。孩子们常常觉得亏欠了父母。一位从埃塞俄比亚移民来的律师的女儿回忆说：“我在学校里不停地学习，因为我很清楚，父母付出了多大的努力才能让我在这里学习。我有责任出人头地，这样他们的辛勤工作才不会白费。”一项研究发现，对于许多移民家庭的儿童来说，“幸福不得不退居其次”。成功意味着“努力工作和挣钱，而不是……一种情感上的满足”。这些孩子认为人往高处走不仅是他们的梦想，也是一种责任。

在华裔（和其他东亚国家）的美国家庭中，对童年时期的要求深深地植根于儒家哲学和传统道德中。正如社会学家和儒学专家李瑾解释的那样，在这个传统中，每个孩子都要“心甘情愿”“欢天喜地”地孝敬父母，以换取父母“无条件的爱”和“完全的承诺”。人类所有的道德都是从这些“终身应尽的”义务开始的。儒学的世界观中没有理想化的、无忧无虑的童年，人生的最高境界是通过学习来修炼自己的道德。从很小的时候，人们就开始培养孩子最关键的学习美德——勤奋、吃苦、追求自我完善。

这里的逻辑是自洽的，但如果在儒家的儿童教育中，父母对不安全感和克制力的教育发挥到了极致，就可能会给孩子造成强烈的痛苦。当它出现问题时，或者甚至当它没有出现问题时，这种东亚版的“三要素”文化都会让人觉得如同活在监狱里——在这里，你永远无法满足别人的期望。当人们问到时装设计师林能平为什么他的母亲从来不看他的时装表演时，他解释道：“你知道吗，我觉得这又回到了亚洲文化的这个层面——你做得永远不够好。你明白我的意思吗？好像得了 A 还不够好，你必须得 A+。我从来没觉得自己已经准备好接受她的检验了。”

在儒家看来，孩子取得的任何成就都可以更上一层楼。曾为乌玛·瑟曼、伊万卡·特朗普、玛丽亚·凯莉、艾丽西亚·凯斯、金·卡戴珊和切尔西·克林顿设计婚纱的名流设计师王薇薇仍然记得，当她未能入选美国花样滑冰奥运代表队的时候，她的母亲非常失望。她还痛苦地谈到她的父亲拒绝接受她的职业选择。尽管她名声显赫，但直到他去世的那一天，她也从没有从他嘴里听到“一声赞许或者‘你真不错’这样的话”。“任何时候，如果我说真的很有信心或者很有把握，那肯定有什么地方出了问题。因为我不是这样的人。我总能发现哪里做得不对。”

除了压力，“三要素”文化中的孩子还可能觉得他们的父母只是在利用他们。一位年轻的华裔美国人说："我觉得我只是一项对父母有利的投资。我必须要以上一代人的成就为基础，要比他们做得更好，要为父母争光，把家庭从中下阶层提升到中上阶层。我们这种人总肩负着家庭的期望和命运。"有时你会觉得你的价值仅仅是为了"显摆"。另一位华裔美国人说："我的祖父母真的为我感到自豪，但他们之所以为我自豪，只是因为他们可以四处吹嘘我的学校的名字。"无疑，如果你是他们不能吹嘘的人，情况只会更糟。"如果你做不到这一点，那就只能'好吧，行吧，我就是垃圾'。"在最严重的情况下，这会造成真正的精神创伤，甚至更糟。小说家谭恩美这样描述她的童年：

> 我父母就是不明白。他们不知道我真正的样子。他们不知道哪怕是最小的一点肯定对我来说有多重要，哪怕是最小的一点批评也会让我前功尽弃……
>
> 我记得有一次，住在我家附近的一个小朋友瑞秋死了，可能是白血病。我妈妈带我去参加葬礼，带我去看了她。我看见瑞秋的脸上毫无血色，双手抱在胸前，看起来扁扁的。我很害怕，因为这个小女孩以前经常和我玩。这时，我母亲俯下身对我说："这就是不听妈妈话的结果。"
>
> 接着是进一步施压。躺在这里的小女孩没有听妈妈的话。根据我母亲的说法，她应该把吃的水果洗干净，但她没有……农药可能引起了白血病，害死了这个小女孩……恐惧是控制孩

子的方法，都是为了他们好。这就是我成长的环境……

在我成长的过程中，我一直认为自己永远都无法让我的父母满意。带着这种感觉长大真是太难了……这是一种可怕的感觉，尤其是你经历了你所谓的第一次失败后，你会认为你这辈子完了，再也没有机会了……

终于有一次，我激怒了我的母亲，以至于我们差点要了对方的命。真的是这样。我的胃很不舒服，干呕，疼痛难忍，有一刻……我以为我要死了。

实证研究揭示了具有“三要素”文化的亚裔美国父母在教育子女时引起心理问题的频繁程度，以及这些问题的严重程度。但这里的情况出人意料地复杂。1995 年，研究发现，亚裔美国青春期女孩“在所有种族群体中患抑郁症的比例最高”，最近的几项研究也证实，华裔美国学生在压力和焦虑程度上都高于美国白人学生。对东海岸一所重点高中成绩优异的九年级学生进行的研究发现，华裔美国学生的“焦虑和抑郁症状更明显”，而且这些问题都与激烈的家庭矛盾有关。

但另一方面，前面已经说过，经常与情感问题相关的酗酒和药物依赖问题，在亚裔美国青年中的比例要低得多。此外，2010 年对 6870 名美国白人和 1628 名亚裔美国人进行的全国性精神病学调查发现，亚裔美国人的社交焦虑障碍、广泛性焦虑障碍、恐慌症和创伤后应激障碍的发病率明显较低。同样，20 世纪 90 年代的一项研究发现，华裔美国人患有重度抑郁症的比例大大低于全国平均水平。在某种程度上，这些发现可能只是反映了人们不愿意承认心理疾病（许多亚裔仍然认为心理疾病是可耻的），但亚裔美国人的自杀率也低于全国平均水平。尽管与媒体的大规模报道相反，但亚裔美国人的自杀率还不到白人的一半。[1]

然而，毫无疑问，亚裔美国人的“三要素”文化会造成心理上的阴影。前面已经说过，亚裔美国学生即便在学业上比其他人表现得更好，但他们的自信心在所有种族中是最低的。这种反差让许多人感到困惑。正如一位研究家庭关系的教授说所说：“如果你做得好，你应该感觉很好。”但是，“三要素”文化的核心恰恰是，自我感觉不好——或者感觉不够好，才是推动成功的部分动力。

一个犹太笑话是这样说的：“百分之五的犹太人患有轻度抑郁；剩下的人则已经没治了。”你可能认为美国犹太人“三要素”文化的病态特征和亚裔美国人的一样，因为他们之间有某些明显的相似之处。比如，为父母争光在犹太文化中的核心地位和在东亚文化中一样。负罪感，感觉你无论做什么都满足不了父母的要求，则是另一个常

1 从 2000 年至 2010 年，亚裔美国人的总体自杀率为 5.6 人 /10 万人，而白人的自杀率为 12.3 人 /10 万人。亚裔美国人在各个年龄段的自杀率都较低，但如果把数据按性别分类，则可以发现重要的易受伤害的群体。亚裔美国人的自杀率，不管是男性还是女性，都低于白人的自杀率，但女性的自杀率和男性相比没有那么低（亚裔男性是 8.3 人 /10 万人，白人男性是 20.3 人 /10 万人；亚裔女性是 3.2 人 /10 万人，白人女性为 5.0 人 /10 万人）。在 15 至 24 岁的女性中，亚裔美国人的自杀率与白人的非常接近（亚裔是 3.2 人 /10 万人，白人为 3.5 人 /10 万人）。70 岁及以上的女性自杀率中，亚裔美国人的比率（6.8 人 /10 万人）高于白人（4.1 人 /10 万人）。然而，总体而言，几乎在所有年龄 / 性别当中，亚裔的比例都低于白人（以及全国平均水平）。有关来源和更多细节，请参见尾注。

见的桥段。在犹太文化中，父母从孩子的成功中获得“吹嘘的资本”太常见了，以至于专门有个词来形容它：naches[1]。

但事实上，犹太文化里典型的病态特征是以不同的方式揭示出来的。也许因为犹太人有质疑权威的悠久传统——这个传统来源于《塔木德》和《圣经·旧约》(例如《约伯记》)，所以儒家式的尊敬父母以及尊重父母的权威并不是犹太人常见的做法。在朱尔斯·菲佛（Jules Feiffer）的一部戏剧里，有个年轻的犹太男子描述了他欠父母的债：“我长大后，继承了我父亲的长相、他说话的方式、他的姿态、他走路的样子、他的观点——以及我母亲对他的轻视。”

犹太人习惯于挑战权威，所以他们在哲学、社会学以及科学领域取得了非凡的、有时是革命性的成就，但这也导致了犹太家庭的不幸福。至少从弗洛伊德为他们看病起，对犹太人神经官能症的刻板印象就是——说得温和一些——孩子对父母的态度不够恭敬。在美国的犹太文化中，挑战父母权威的孩子比比皆是，这一点为人津津乐道，但也常常造成痛苦的冲突和无法弥补的家庭裂痕。《屋顶上的小提琴手》[2]只是众多例子中的一个。

在一些更极端的案例中，犹太人的“三要素”文化似乎会在父母和孩子之间形成破坏性的竞争关系。(在弗洛伊德看来）儿子可能想超越父亲，或是父亲可能嫉妒儿子比自己更成功。这个主题在

1 希伯来语，意思是因为孩子而骄傲、自豪。——译者注

2 《屋顶上的小提琴手》是一部音乐剧。故事发生在1905年前后俄罗斯的犹太人聚居区内。犹太父亲泰威试图保持自己的宗教信仰和文化传统，而他的三个女儿自主选择的婚姻都违反了犹太传统。——译者注

犹太文化中经常出现，比如约瑟夫·海勒（Joseph Heller）的《像高尔德一样好》（*Good as Gold*）或者2011年以色列获奖电影《脚注》（*Footnote*），讲述了同是犹太法典学者的一对父子的故事。但是，这种情况在东亚文化中即使曾经出现过，也很少出现。

特别是20世纪早期来到美国的犹太移民，他们面临着严重的歧视和尖锐的嘲讽，尽管这激发出经典的“三要素”文化的驱动力，但也加剧了父子之间的冲突。许多家庭中的儿子看到他们受传统束缚的父亲只能当个小贩或者店员勉强度日，会感到失望、尴尬，或是觉得这种传统阻碍了他们自身的成功。莱昂内尔·特里林（Lionel Trilling）写道：“在我那个时代，人人都试图摆脱父辈的约束。”相反，如果这些父亲觉得自己是失败者，他们的怨恨有时会指向自己的儿子。当儿子扬言要比父亲更成功时，这种怨恨会被触发。（好莱坞的第一部有声电影《爵士歌手》表现的就是这一主题。）当代美国批判社会学和文化保守主义思潮的代表人物丹尼尔·贝尔（Daniel Bell）在书中写道，不管怎样，对于“大多数犹太移民来说”，在美国取得成功的“焦虑转化成了父亲和儿子之间的斗争”。

在21世纪的美国，对许多犹太人而言，这种移民中激烈的代际斗争有一种过时的、下东区式的感觉。由恋母情结引起的冲突虽然主导了20世纪美国犹太人的生活和文化，但似乎已经不再是核心问题了（这或许可以解释弗洛伊德学说的衰落）。今天，30岁以下的美国犹太人很少会为身为小贩的父亲感到尴尬。更有可能出现的是与之相反的问题：面对几乎白手起家、现在超级成功的父母，要想效仿他们实在令人心灰意冷。

这并不是说犹太人的“三要素”文化中一切旧有的不安全感和病态特征都消失了。恰恰相反，几个世纪以来，对迫害的恐惧促使犹太人在世界各地取得成功。但这种恐惧长期以来也对犹太人的心理造成了伤害。这种恐惧直接塑造了很多来到美国的犹太移民的生活。

以德国犹太移民迈耶·古根海姆（Meyer Guggenheim）为例，他是真正的白手起家，先是挨家挨户兜售擦炉粉，后来成为镀金时代[1]的巨富之一。正如他的传记作者约翰·戴维斯（John Davis）描述的那样，古根海姆长得像“19 世纪犹太人讽刺画上的人物。他身材矮小、沉默寡言、生性多疑、独来独往”，“一心一意只想赚钱”。他只信任家人，而且“无论对朋友还是敌人，总是对他们背后的目的时刻保持警惕”。戴维斯还说：

> 由于德国和瑞士几个世纪以来的压迫和暴政，迈耶·古根海姆的基本信条就是：世界上只有金钱才能带来安全和幸福……只有金钱才能保护你不被吞噬，不被冲垮。

许多当代美国犹太人也许享受着安全和富足，但仍然饱受这类焦虑的折磨。对于家中曾有人死于大屠杀的犹太人来讲，尤其如此。

1 镀金时代处于美国历史上南北战争和进步时代之间，时间上大概是从 19 世纪 70 年代到 1900 年。——译者注乔治·索罗斯（George Soros）曾经说过："我有点恐惧症。你认为我为什么赚了这么多钱？我现在可能感觉不到威胁，但我总有一种感觉，如果我……处于我父亲在1944年那样的位置，我可能根本活不下来。"一位美国犹太律师在回忆德国消灭犹太人的计划时说，那股恐惧就像乌云一样总是萦绕在他家的餐桌上：

> 我的祖父母是大屠杀的幸存者，他们是在去奥斯威辛集中营的路上相遇的。他们全家都被杀光了（除了一个叔叔）。在我父母那一代人里，如果谁还有祖父母，那可真是稀罕事。我们不能在盘子里剩饭，如果和其他种族通婚，那就是在完成希特勒的工作。大屠杀的阴影无处不在。
>
> 我年轻的时候，人们总是强调犹太人朝不保夕的命运。如果不费什么事的话，美国会把我们赶走吗？以色列会不会被人轻而易举地从地图上抹去呢？那个警察给我父亲开罚单是因为他戴着圆顶小帽[1]吗？

很多犹太人竭尽全力保护、捍卫以色列，很大程度上是因为以色列（在犹太人中）近乎神话的地位。它是对抗全球反犹主义的堡垒，是地球上唯一一个不会背叛犹太人的国家，是犹太人可以真正称为家乡的地方。依靠"三要素"文化的无穷动力，犹太人获得了财富

1 犹太男子戴的圆形帽子。——译者注

和权力，但隐藏在这一切之下的恐惧不应该被忽视。电台主持人丹尼斯·普拉格说：

> 犹太人可能是世界上最没有安全感的群体。这可能让大多数非犹太人感到惊讶，因为大家普遍认为犹太人特别强大。但是，犹太人的势力和犹太人的不安全感并不矛盾。事实上，犹太人的势力在很大程度上来源于他们的不安全感。犹太人相信，犹太人的影响力越大，他们再次受到伤害的可能性就越小。
>
> 如果说，不安全感刺激犹太人获得了成功，那么它也带来了心理上的伤害。

到目前为止，我们考察的都是极度不安全感（在一些亚裔美国人的案例中）和自我克制带来的病态特征。正如孩子受到父母太多的压力会变得痛苦不堪那样，饱受这种病态特征折磨的人自己也会痛苦不堪。相比之下，优越感带来的伤害通常会施加到其他人身上。所以，“三要素”文化中的优越感要素可能是最邪恶的。纵观历史，群体优越感一直是压迫、战争和种族灭绝的最佳借口。

可以肯定的是，当群体优越感是用来抵御多数族裔的偏见和敌意时，它看上去就没那么邪恶。在美国，获得超出人口占比的成功群体无论从种族或宗教层面看都是少数；当你的群体在某个社会中是少数，而且面临着持续不断的敌意或怀疑时，就很容易失去优越感。所以，美国的“三要素”文化群体可以说是在以毒攻毒。但是，我们不应该忘记他们优越感背后的阴暗面。

对“中国文化深感自豪”很容易就会变成“如果你和外国人结婚，我们就和你断绝关系”。诺姆・乔姆斯基（Noam Chomsky）等反犹太复国主义者指出，20 世纪早期巴勒斯坦的犹太定居者鄙视阿拉伯人，称他们为“半野蛮人”“野人”“骗子”和“胆小鬼”。波斯人的优越感意味着中东其他地区的人都是下等人。许多古巴人坚持认为自己不是“西语裔”，背后的前提也不言而喻。西印度群岛和非洲的移民经常被人指责看不起美国黑人。

优越感并不一定非要令人反感，它们并不一定非要信奉“天生的族群差异”这个概念。但不幸的是，在现实中，美国移民群体中的很多成员都接受了人们熟知的种族主义观念。美国黑人女作家托妮・莫里森写道：“融入美国的主流社会通常就意味着逐渐认可美国黑人是真正的异类这个概念。无论移民是哪个种族、哪个国籍，他们都会把非裔美国人当成自己的假想敌。”

摩尔门教徒的优越感并不比其他任何一种优越感更令人反感，在某些方面甚至更好一些，因为摩尔门教向世界各地的所有种族都敞开大门，吸引了无数人皈依，但它所表现出的一个特点特别值得注意。在一个群体中，优越感并不是对所有的成员平均分配的，它可以提升一部分人的地位，让这些人比其他成员更有优越感。

在摩尔门教的官方说法中，男人和女人在精神上是平等的，但和天主教一样，女人不能担任牧师，因此也无法进入教会的高级领导层。在摩尔门教会的最高管理机构“十二使徒定额组”中从未有过女性，也从未有女性担任过教会总会的会长。教会并不讳言它对女性的期望。1987 年，教会主席埃兹拉·塔夫脱·本森讲道时说："一开始，上帝让亚当——而不是夏娃——挥洒汗水挣面包。与传统的观念相反，母亲的使命是在家里，而不是在集市上。"

20 世纪 90 年代，杨百翰大学的几位女教授因为批评教会在妇女问题上的立场而被迫离开学校。一些摩尔门教的妇女也因为女权主义的观点而被逐出教会。1995 年，摩尔门教会发布了在大多数摩尔门教徒看来近乎《圣经》的《家庭：致全世界的公告》（*The Family: Proclamation to the World*）。它指出："男人和女人的婚姻是上帝永恒计划中的关键环节"，"根据上帝的旨意，父亲是一家之主"而且"负责提供生活必需品"，而"母亲主要负责养育子女"。

《摩尔门女孩之书》（*Book of Mormon Girl*）一书的作者乔安娜·布鲁克斯（Joanna Brooks）是一位虔诚的摩尔门教徒。她在书中饱含深情地阐述了自己的立场，认为女性与男性应该拥有同样的机会和前程，这让她与自己的教会产生了分歧：

> 多年来，每当我踏进摩尔门教的礼拜室[1]，我都会哭……我哭泣是因为教会惩罚了像我这样的妇女，惩罚了像我这样的人，把我们放逐在自己的世界里……我多么渴望再像一个摩尔门教的小女孩那样回归这个群体，我多么渴望成为伟大的摩尔门教

1 "摩尔门教会用来进行礼拜仪式和其他活动的建筑"可以称为"礼拜室""礼拜堂"以及"教堂"。这些名字可以互换使用。

救赎计划中的一员，用自己的微笑代表我们与众不同、闪闪发光的形象。但相反，我发现，作为一个坚定的摩尔门教妇女，我却要为自己的精神生活而奋斗……

摩尔门教并没有禁止女性在事业上取得成功，在学术界和艺术界有许多杰出的摩尔门教妇女，而且最近，教会也采取措施为年轻的女性创造更多的传教机会。2012 年，教会宣布，女性可以在 19 岁时开始传教（之前是 21 岁），并为女性传教士设立了一个新的领导职位（“姐妹培训领导人”）。然而，摩尔门教的父权制仍然存在，因此摩尔门教的男子又多了一层优越感。根据“三要素”理论，这应该有助于摩尔门教的男子取得成功，但这可能会以牺牲摩尔门教的妇女为代价。

现代美国人如果认为摩尔门教中的性别不平等观念是落后的，那他们也应该记住，不平等甚至不宽容实际上是美国所有的成功群体共同的特点。优越感丑陋的一面往往带来顽固、排外、狭隘或者偏执的倾向，换言之，不容忍其他的群体和其他的生活方式。

事实上，在许多情况下，这种不宽容正是这个群体能生存下来的条件之一。具体而言，种族或宗教群体只能通过谴责“族群外的”婚姻来维持自己的身份。正因为这个原因，作为一个异族通婚率极高的群体，许多美国犹太人担心异族通婚会最终导致消亡。东亚和印度文化对异族通婚历来都有很强的禁忌，不过在美国这样的传统很难保持。在他们的价值观、信仰、自我认同和婚姻中，这些群体只有通过不宽容，通过否定全人类人人平等的观念才能生存下来；优越感最强的群体最有可能生存下来。

＊＊＊

即使把“三要素”文化作为相对而言没问题的成功引擎来运转，即使这种文化没有造成明显的伤害或者神经官能症，它对成功的定义方式仍然可能对人造成束缚。

“三要素”文化常常把人们导入传统的、以赚钱为目的的职业中。这是不安全感驱动他们的直接结果。“肩负重担”，渴望向世界证明自己——这些典型的“三要素”文化产生的焦虑往往让人渴望获得看得见的成功，比如高分、奖章、高薪、豪车和“受人尊敬的”职业。

“三要素”文化给人的感觉往往带有一种防御的姿态，他们更关心避免失败，而不是取得更有意义、更能实现个人抱负或者更有开创性的成就。“三要素”文化对世人所认可的成功——重点大学、受人尊敬的研究生院、良好的专业技术工作——施加了这些限制，可能也在不经意间划出了定义成功的上限。如果你的目标是传统标准上的表现出色，那你会看到一条清晰合理的成长路径，你只需要对着一系列复选框核对打钩就行了。拿到好成绩：打钩；做个勤奋的学生：打钩；对能帮你成功的当权人有礼貌：打钩。这条路并不容易走，但很清晰。然而，如果你想有所创新或是成为一名艺术家，如果追寻的是人生的意义而非金钱，如果你想改变世界，那就没有预先设定的道路了。相反，要达到这些目标，你可能需要突破惯例、承担风险以及惹恼权威人士——这可不是大多数“三要素”文化所推崇的价值观。

毫无疑问，拿高薪、开豪车并没有什么错。“受人尊敬的”职业通常也是社会价值最高的职业。显而易见，医生能拯救生命，律师也会帮到他人。诺贝尔奖当然是一种看得见的荣誉，但这并不意味着获奖就是可耻的。（相反，“非传统的”职业中的确有很多传统和惯例。）

准确地说，这里的危险在于仅仅通过外部的标准来判断自己的价值——不是用你自己的价值观、兴趣或者愿望来定义你的生活，而是用别人的期望，更准确地说，是用害怕不能满足这些期望的恐惧来定义你的生活。不幸的是，助长这种恐惧以及强调自我价值的外部衡量标准恰恰是“三要素”文化的另一大特色。谭恩美说：“在我年轻的时候，我以为所有的成就必须得到父母、老师以及上级的认可才算数。这才叫成就……人们会给你反馈，告诉你是否取得了成就。”以这种方式培养出来的孩子长大后很可能会基于父母和社会的期望做出重要的人生决定。“他们没那个胆子，”一位年轻的印度裔美国妇女在提到她的同龄人不愿意拒绝父母指定的职业道路时是这样评价的，“他们当中有许多人对其他事情另有兴趣，（但是）他们不愿意（去发展这些兴趣）。很多人估计会说，我不妨先这样做，赚点钱，因为我想让我的父母高兴。”一位印度裔美国社会学家观察到，这样做的结果“往往会导致自我否定、内疚和沮丧”。另一种结果则可能是，你觉得自己没有过上自己想要的生活，你的一生都在为那些你根本不想要的目标奋斗。

这正是我们在前面提到的，为什么“三要素”文化中最好的一点，恰恰是它可以使人们摆脱这种文化的束缚。

小说家索尔·贝娄和电影导演李安的出生时间隔着两次世界大战，出生地点隔着半个地球，但他们有一个共同点：作为儿子，他们所选择的职业都受到了父亲的鄙视。贝娄的父亲希望他成为一名商人。对他的职业，他父亲轻蔑地说：“你就这么写写画画，还把这叫作职业？还管这叫‘作家’？”李安的父亲想让他当教授。当李安获得奥斯卡奖时，他的父亲却说当教授还来得及。“你才 49 岁，”他说，“拿个学位，在大学里教书，做个受人尊敬的人。”

贝娄和李安还有一些其他的共同之处。他们都成长在要求严格、期望极高的“三要素”文化的家庭中。李安的父亲是中国台湾一所著名高中的校长，他从小就对李安进行了严格的儒家教育。李安的弟弟后来回忆说：“人生唯一的目的就是在学业上取得成功。”李安也说：“我并不知道自己想要什么样的生活，但我知道我必须取悦我的父亲。”据传记作家詹姆斯·阿特勒斯（James Atlas）说，贝娄的母亲是“福音书虔诚的信徒，笃信自我完善”，她丈夫的失败“更加剧了她对幼子的期望”。像那个时代的许多犹太移民父母一样，她强迫贝娄接受严格的古典音乐训练：

> 她总是唠唠叨叨地催他练习——这是 1927 年前后发生在芝

> 加哥西北区的典型场景……一周一次，贝娄带着小提琴登上电车，长途跋涉来到位于南密歇根大街的艺术大厦，在那里接受格雷沙·博鲁歇克（Grisha Borushek）严格的训练。那是一个身材肥胖、表情阴郁，来自敖德萨的难民。他训练学生时，总是“用他的琴弓抽他们的屁股”。

这两个人都背离了家庭的期望。贝娄后来把这描述成童年时期“令人窒息的正统观念”，为了逃离这种束缚，他摆脱了家族的煤炭生意，并开始写故事和小说。即便这些故事出版后，赚来的钱也只能勉强支付房租，他只能向他的兄长们借钱。这么做引起的嘲笑在他家里持续了很长时间。1954 年，他凭借《奥吉·马奇历险记》（*the Adventures of Augie March*）获得美国国家图书奖。对此，他的哥哥评论道：“我的名字不会列在《大不列颠百科全书》中，但我有钱，他没钱。”

令李安的父亲非常难堪的是，李安两次参加高考均落榜，第三年才上了一个三年制艺术专科。李安说：“我很内疚，没能走上他指定的道路。”他后来到了美国，在纽约大学学习电影专业，期间参与了同学斯派克·李制作的一部电影。毕业后，他“在痛苦、绝望的不确定中挣扎了 6 年”，把自己的一个剧本寄给了 30 多家制片公司，均遭到回绝。岳父母甚至给他妻子钱想资助他开一家餐馆（被妻子拒绝），这让他几乎想放弃拍电影的理想。

贝娄和李安几乎是教科书式的“三要素”文化下的典型人物。

贝娄在 20 世纪 40 年代的一位朋友还记得他是个“总感觉如芒在背”的人。贝娄的儿子格雷格曾经写到他父亲的“不安全感”，把他描述成“向以海明威为代表的美国文坛发起了挑战”的人，并说贝娄是出了名的“自律”。李安也谈到了他的家庭带给他的“不安全感”，他说，作为“长子，我觉得一切重担都压在了我的肩头”。要不是迫切需要证明自己，这么多年的失败和遭拒肯定会让李安偏离轨道。

这两个人当然都取得了突破性的成就——无论是在成就本身还是在种族身份方面都是如此。正如著名的评论家莱斯利·菲德勒（Leslie Fiedler）在 1957 年说的，贝娄是“第一位站在美国文学中心的犹太裔美国小说家”，这句评价是在他获得普利策奖和诺贝尔奖之前说的。也有其他成功的美国犹太小说家〔诺曼·梅勒于 1948 年写的海明威式的作品《裸者与死者》（*The Naked and the Dead*）占据《纽约时报》畅销书榜首长达 62 周〕，但贝娄是第一个在“没有放弃美国犹太人的习惯用语”的情况下赢得大量读者的作家。他为约瑟夫·海勒以及菲利普·罗斯等后续整整一代作家打开了大门。李安是第一个获得奥斯卡最佳导演奖的中国人，更不用说还得了两次。他的电影类型和题材之丰富令人头晕目眩，不是一般人敢想象的。

总之，贝娄和李安都踢开了助他们成功的梯子——但在攀上成功之巅之前并没有踢开。他们还是孩子的时候，就被灌输了“三要素”文化。这种文化产生了自信与不安全感的奇怪组合，还有永不停息的动力，克制力——以及迫切想证明自己的那种难以抑制的需要。

从这个意义上来看，他们从来没有完全抛弃“三要素”文化。相反，他们之所以取得了这么高的成就，完全是因为这种文化赋予他们的品质。然而，这两个人，也正因为他们具有这些品质，所以能够打破束缚，从别人期望他们过上的那种生活和获得的那种成功中解脱出来。“三要素”文化使他们能够打破束缚，谱写出自己的人生篇章。

美国也是这个故事中的核心角色。对这两个人而言，美国释放了他们的创造力，刺激他们创造出新的自我。然而，同样重要的是，他们都发现，先是在自己的家庭，然后是在美国社会，自己都是局外人。

“我从来都不属于自己的家庭，”贝娄曾经回忆道，“我总是那个与众不同的人。”他笔下的犹太主人公可能会声称自己是美国人（奥吉·马奇[1]的第一句话是“我是个美国人，出生在芝加哥”），但贝娄自己却把美国的犹太人描述成“métèques”——意思是“局外人”或“外来居民”。李安也说过类似的话：“我是个漂泊者，一个局外人，从没有一个地方让我有完全的归属感。”他还说：“我拍摄的每一部电影，都是我的藏身之所，一个我不太理解但却觉得最像家的地方。”

在美国，在“三要素”文化中成长起来的人占据着一种奇怪的位置，他们同时被家乡文化的要求和美国自由的诱惑拉扯着。他们处在这两个世界的边缘，无法完全属于任何一个世界。这种处于文化边缘的状态有它自身的代价，让个体承受了相应的心理负担，但

1 《奥吉·马奇历险记》中的主人公。——译者注

它也可能成为个体找到最大限度的自由和发挥最大创造力的地方。

在年轻的亚裔美国人当中，不断对抗“模范少数族裔”的刻板印象并获得解放的迹象已经非常明显。在美国，越来越多的亚裔学生主修人文学科，不想和数学或古典音乐沾边。很多人选择那些特立独行的亚裔美国明星中作为自己的榜样，比如约翰·赵（John Cho）和卡尔·潘（Kal Penn）（也就是《猪头逛大街》系列电影中的两位演员）、敏迪·卡灵（Mindy Kaling）（出演美剧《办公室》和《明迪烦事多》）、YouTube 网红黄谷子（Freddie Wong）、单口喜剧演员阿兹·安萨里（Aziz Ansari）、篮球运动员林书豪和著名的时装设计师吴季刚（设计了米歇尔·奥巴马在总统就职典礼上的礼服）。

还有一些人考虑加入公益事业，从“三要素”文化的角度来看，这也不是传统的职业。移民父母可能会对他们的孩子在政府或者非营利组织里从事相对低薪的工作感到沮丧，他们认为这些工作既没名，又没利。这里又要提到美国，因为它积极鼓励公共服务业，尤其鼓励年轻人参与，这使美国在这个故事中扮演了重要的角色。此外，移民群体可能会为这些放弃了财富，转而做善事的成员感到骄傲。美国纽约南区联邦检察官普里特·巴拉拉是第一位成为美国检察官的亚裔美国人。他因为处理华尔街高层的腐败问题，比如帆船集团（Galleon Group）对冲基金的万亿美元内幕交易丑闻而出名。他也在印度裔美国人群体中（以及印度本土）享有盛名。

但帆船集团的内幕交易丑闻也同样给印度裔美国人带来了恐慌

和耻辱。在这起案件中，被联邦检察官巴拉拉拉下马的一名被告是麦肯锡的前负责人顾磊杰，他也是印度裔美国人。这件事引出了“三要素”文化的最后一个病态特征：驱动力本身的病态特征。

“三要素”文化产生的动力在本质上是永无止境的，因为它没有内在的限制。不管你在哪个领域里竞争，总有比你强的人，而且即使你设法爬上了顶端，仍会因为害怕失去这个地位而继续前进。结果，“三要素”文化会造成一些人的野心和贪婪过度膨胀。在极端的情况下，对提升的渴望可能会让人变得不顾一切和偏执，从而无视法律、伦理或者对他人造成的伤害。顾磊杰和伯尼·麦道夫（Bernie Madoff）[1] 只是数以百计的“三要素”重病患者中的两个。

人们在这些案件中常常发现一些令人不解之处。顾磊杰的个人净资产估计已经超过了 8000 万美元，他参加过白宫的国宴，在他的族群中备受尊敬。许多人想不明白，他为什么还要从事非法的内幕交易，只为了获得至今仍算不清楚的利益？法官在对顾磊杰量刑的听证会上说：“可以毫不夸张地说，法院从来没有遇到过这样一个被告，他之前的经历表明，他不仅对人类整体，而且对需要帮助的个体都做出了如此非凡的奉献。”但是，也许对某些人来说，希望得到越来越多认可的强烈欲望——那种永远无法卸下的肩头重担，那种想爬得更高来向世界证明自己的渴望——变得不可抗拒。

即使在病症没那么严重的情况下，“三要素”文化产生的动力也

1 历史上重大诈骗案制造者。——译者注

很难让我们过上一种随遇而安的生活。简单的、体面的生活——不用匆忙爬梯子，不用在乎别人是否认为你足够成功——可能是所有生活中最令人羡慕的。但受到“三要素”文化折磨的人，很少能过上这种生活。

第七章
智商、体制以及向上的流动性

在优越感、不安全感和克制力的配合下，父母和孩子通常都能得到动力，驱动他们获得成功：不是靠运气或者关系，而是靠努力工作。

向上的流动性依然存在，而且生机勃勃，只不过，并不是所有群体都能平等地利用到它。

“小霍雷肖·阿尔杰[1]已死！”这句话在2012年上了《野兽日报》（*Daily Beast*）的头版头条。在美国，关于向上的流动性已停滞的讣告不绝于耳，已经成为美国向上流动性的新神话。虽然，关于美国的流动性已经不复存在的这一新神话有着十分重要的真理内核，但它与“美国是个无阶级社会”的旧神话一样，具有很大的误导性。

2008年，皮尤研究中心发现，在宣告美国的向上流动性已停滞时，主要引用的统计数据是在经济水平最低的那五分之一家庭中长大的人——这些人当中有42%成年后仍处于最低经济水平。这个数字能得出的第一个结论应该很明显。如果42%的人仍然是最低收入者，那么58%的人则不是。换句话说，出生在美国最贫困的家庭中的大多数美国人都摆脱了这种贫困。（皮尤研究中心的另一项研究使用了

1 小霍雷肖·阿尔杰（Horatio Alger Jr.，1832—1899），美国儿童小说家。作品有130部左右，大都是讲述穷孩子如何通过勤奋和诚实获得财富和社会成功的故事。——译者注

更大的数据样本，发现在收入最低的五分之一美国家庭中长大的人，有三分之二在成年后的收入增加，摆脱了收入最低的五分之一人群。）所以在美国，经济地位的上升仍然是常态而非例外。

在证明美国社会向上的流动性和其他发达国家相比表现糟糕时，42% 这个数字也被反复引用。一项研究发现，在丹麦，出生在最贫穷的五分之一家庭中的人，只有 25% 成年仍处于最低经济水平。而且，根据同一项研究，只有 8% 的美国男性从经济水平最底层的五分之一人群提升到最高的五分之一人群，与其他国家——比如英国相比，在英国这个数字是 12%。因此，美国并没有提供大量的一夜暴富的机会，所以，在这个国家里，从贫穷到富裕是极其困难的和罕见的。

如今，这些统计数据无论在网上还是线下都随处可见。但人们很少提及的是，这些研究大部分都没有考虑移民。（皮尤研究中心解释说，当研究人员调查某个国家的代际流动性时“并不包括移民家庭。原因很简单”，因为移民的“父母出生在另一个国家”。）但在美国，因为移民高达 4000 多万，漏掉这么大的人群不加统计，造成的偏差就非常可观了。虽然绝大多数移民都是在 1965 年后来到美国的，但这些人及其子女迄今为止都被排除在向上流动性的研究之外。事实上，同样是皮尤研究中心，在多次引用美国的向上流动性已停滞的研究报告时也明确提示，这些发现对“移民家庭”并不适用。对移民而言，“美国梦依然存在，依旧美好”。

美国为众多移民及其子女提供了大量的向上流动的机会（这也是为什么这么多人想来这里的原因）。这已经成了普遍认同的事实。

贫穷的西语裔、非裔和亚裔移民的孩子，无论以什么标准衡量，都有很强的向上流动性，不过这种向上的流动性在某些亚裔群体中表现得尤为明显。这种现象引起诸多关注，而且使美国社会的向上流动性已停滞的说法变得更加复杂。

在美国，向上的流动性现象不断萎缩的问题十分严重，这也使得生于富裕家庭成为巨大的优势。如果你是含着金汤匙长大的，那你无须努力工作，只要严格自律，无须驱动力或其他任何“三要素”的文化，都可以过上富裕的生活。（“三要素”文化并不是富裕的前提条件，例如每周都有人中彩票。）但如果一个群体总以这种方式传递财富，那么它很可能会走向衰落。

再来看看穷人的情况。对于美国的许多非移民群体而言，贫穷是难以摆脱的困境。例如，位于阿巴拉契亚高原[1]中心肯塔基州的奥斯利县，在19世纪90年代就被称为“贫困县”，到2010年仍然是美国大陆上最穷的县之一。按照一些人的说法，它就是最穷的县，没有“之一”。

这一章是关于向上的流动性和“三要素”文化的内容。本书前面的大部分内容讨论的都是美国最成功的群体以及他们的共同点。但是，美国最贫穷的群体是什么情形呢？本章中会介绍对一些在美国的持续低收入群体的考察。我们会发现这些群体缺乏“三要素”文化，不光如此，移民的向上流动性（包括摩尔门教徒最近的迅速

1 阿巴拉契亚地区是指美国东部的纽约州南部、亚拉巴马州北部、密西西比州北部和佐治亚州北部一带，主要是人迹罕至的高山地区。——译者注

崛起）恰恰是“三要素”文化的典型现象。

本章中还会讨论导致成功和失败的其他原因。“三要素”是一套文化驱动力，但文化并不是凭空出现的。我们将探讨“三要素”文化和影响群体表现的其他理论和决定因素之间的关系。这些决定因素包括智商、移民的选择标准、体制以及阶级刚性等。“三要素”文化加强了某些因素，和某些因素没有关系，也可以解释一些其他理论解释不了的重要现象。

根据法令，曼哈顿下城的史岱文森高中（Stuyvesant High School）只根据标准化考试的成绩录取学生。虽然不收学费，但史岱文森高中是全美最好的高中之一。据报道，和新罕布什尔州的菲利普斯埃克塞特学院（Phillips Exeter Academy）（学费为 35750 美元）一样，史岱文森高中有超过 25% 的毕业生考入常春藤盟校或者其他的顶级大学。2013 年入学的新生中有 9 名黑人学生，24 名拉美裔学生，177 名白人学生和 620 名亚裔学生。在纽约市另一所顶级的公立学校布朗克斯科技高中里，64% 的学生是亚裔美国人。

值得强调的是，考入这些学校的很多亚裔学生都来自贫穷的移民家庭。2012 年，来自布鲁克林三个邮政编码地区的超过 300 名学生考入史岱文森高中和纽约市的其他几所重点公立高中。这些地区包括像日落公园（Sunset Park）这样的地方，这里聚居着大量的华裔移民。他们的平均收入很低，低到学生能有资格获得免费午餐。其他大部分学生则来自像曼哈顿上西区这样的高收入社区。

这些华裔学生大多来自收入较低的工薪阶层，这件事很有意义。因为在美国，人们经常认为亚裔的成功是亚裔移民自身优势的副产品。1965 年以来，美国颁发的入境许可中，很大一部分是根据专业技术能力和受教育程度颁发的。和诸如墨西哥移民的其他国家移民相比，亚裔移民更有可能通过这种方式获得入境许可。而墨西哥移民经常以美国公民的亲属身份通过“家庭团聚”的方式进入美国。这让一些亚裔移民在经济上占有先天的优势。

例如，很多印度移民是印度最有竞争力的理工学院的毕业生。他们来到美国时，身上的专业技术能力受到市场的高度认可。一些中国移民是中国的高考状元，是莘莘学子中的精华。这些人能获得博士学位，成为美国的专业技术人员或者学者，完全不令人惊讶。因此，移民的选择标准是印度裔和华裔美国人成功的保障。

但并不是所有的印度裔和华裔移民都是这样的人，住在日落公园附近送孩子上史岱文森高中的华裔家长往往没有博士学位，他们更可能只是在餐馆或者工厂里的打工者。（事实上，大多数华裔移民也并不是因为专业技术能力或者受教育程度获得入境许可的。）这种现象在美国全国都很普遍。在洛杉矶以及美国的其他地方，华裔移民群体呈现“双峰分布”的特点：一端学历很高，而另一端只受过小学教育。但是，这两种家庭中的孩子都能超过他们的同龄人，在学业上都能取得非凡的成就。这些工薪阶层出身的孩子，同样一步步成为专业技术人员，从事高技能工作。

因此，移民的选择标准并不能完全解释华裔移民在美国的成功。

它无法解释这部分第二代华裔美国人向上流动的原因：他们的父母刚到美国时，并没有任何教育或者经济上的优势。所以，有些人认为答案肯定是智商。但调查数据也不支持这个观点。智商研究专家詹姆斯·弗林（James Flynn）在全面回顾了50年的研究成果后发现，高智商并不能解释华裔美国人为什么能够获得超出人口占比的成功。弗林认为，尽管华裔美国人在经济和学术上表现优于美国白人，但他们的平均智商并不比美国白人高。

我们不如说，华裔美国人更好地利用了他们的智商：比如，智商为103的华裔美国人在学校中的表现、考试成绩以及最终获得高薪工作的机会，都要好于智商为103的美国白人。甚至在数学成绩方面也是如此，而许多人认为数学成绩与智商关系最密切。在同样智商的情况下，华裔美国人在微积分、解析几何和SAT数学考试中的成绩明显高于美国白人。也就是说，智商解释不了他们之间的区别。正如一位发展心理学家所讽刺的那样："如果亚裔学生真的在基因上优于其他学生，那么，他们就不会为了超过别人而每周比同龄人多花两倍时间写家庭作业了。"

布鲁克林区的华裔美国家庭之所以能把孩子送进史岱文森高中和布朗克斯科技高中，背后的原因并不复杂。他们学习更刻苦、更努力。如果你在某个星期六的下午去日落公园的唐人街，你会发现那里的孩子们可享受不到一天不用上课的待遇，他们在学习数学和英语，还会经常参加考前辅导公司办的补习班。补习班不光是周末开课，暑假也开课。这类公司的一位副总监说："我估计，在这个地区，每 100 名华裔学生中大概有 95 名要上这种补习班。”

亚裔学生的学习习惯，以及他们在纽约的顶级公立学校中超出人口占比的入学率，引发了相当激烈的抵制。2012 年，美国全国有色人种协会法律辩护基金会（NAACP Legal Defense Fund）对纽约市提起了一项联邦诉讼，理由是黑人和西语裔学生的入学率大大低于他们在人口中的占比。他们声称，只根据考试成绩录取学生是种族歧视的表现。有些人认为亚裔的成功是不公平的，因为其他群体上不起考前辅导补习班。还有一些人从根本上反对把孩子送进课外班和补习班。他们说亚裔学生学习“过度”，而这对孩子们来说太辛苦了。

这些反对意见都可以理解，但很难就此指责亚裔家庭的做法是错的。很多华裔家长都很穷，而一个孩子上补习班的费用多达 2000 美元甚至更高。比如，一对每天出去工作的夫妇，尽管年收入只有 2.6 万美元，但送三个孩子去补习班每年就要花掉 5000 美元。另外，纽约市为贫困家庭提供免费的补习班，申请参与这项福利的人中，大约 43% 是亚裔（而亚裔学生只占城市公立学校学生总数的 14%）。至于指责他们“过度”学习，华裔父母经常说，他们的孩子因为勤奋学习以及良好的价值观反而遭人指责，他们也不同意让孩子过得太过辛苦这种说法。来自布鲁克林本森赫斯特区一位有华裔血统的家长说，她女儿上补习班的事和她成长过程中亲眼见证的事相比简直不值一提：她的父亲和她的兄弟们在柬埔寨饿死；移民后，她的母亲在美国制衣厂当工人，含辛茹苦。“学习实在太轻松了。”她说。

纽约市的其他亚裔美国人也表达了类似的态度。“我们当中大多数父母都不相信‘天赋’。”一位15岁的孟加拉裔美国男孩说。他是布朗克斯科技高中的学生，为了提高数学和阅读水平，暑假和周末都在临街的一家“冲刺班”上课。他的父母都是移民，一个开出租车，一个在药店做收银员，没少向他诉说那些他们在自己的祖国和美国多么辛苦工作的老生常谈。他说：“你试图补偿他们的艰辛，那就要刻苦努力。”

换句话说，亚裔美国人在纽约的顶级公立学校中的成功是典型的“三要素”文化的成功。在优越感、不安全感和克制力的配合下，父母和孩子通常都能得到动力，驱动他们获得成功。这也是老式美国梦从相对贫穷到相对富裕，从而向上流动的一个典型例子——不是靠运气或者关系，而是靠努力工作。在美国，向上流动性依然存在，而且生机勃勃，只不过不是所有的群体都能平等地利用到它。

阿巴拉契亚地区，尤其是中部地区，包括肯塔基州和田纳西州的半数地方，大多数人都没有提高自己经济地位的机会。

但即使你来自阿巴拉契亚，你也很难写文章讨论或者谈论这件事。2009年，出生在肯塔基州南部的黛安·索耶（Diane Sawyer）在美国广播公司（ABC）的《20/20》节目上做了一期关于阿巴拉契亚地区贫困问题的节目。她因此不仅获得了举国称赞以及皮博迪奖（Peabody Award）[1]，也受到了来自她试图帮助的那些地区的猛烈抨击。

1 即美国广播电视文化成就奖。——译者注尽管有些人很欣赏这部纪录片，但更多的评论却是这样的：“滚开，别来烦我们！”或者是这样的：“你们这些精英太自以为是了。”（对有些人来说，一旦你离开阿巴拉契亚地区，你就不再是阿巴拉契亚人了。）还有的这么说：“你为什么不安排一次旅行，去见见我们这里有硕士学位的、专业技能的或者高级职称的人呢？很多生活在我们这里的人都是注意健康、自食其力、不领福利的人，他们不喝烈酒、不吸毒、很聪明、受过教育，也没有老掉牙。他们愿意和你谈谈，带你去看看阿巴拉契亚的其他地方！”

如果你问阿巴拉契亚人他们是什么地方的人，他们一般不会用“阿巴拉契亚”这个词。他们更可能说自己来自某个州或者某个州的某个地区，比如西弗吉尼亚州或者肯塔基州的佩里县。他们的谈话中经常给人非常矛盾的印象。一方面，山涧的溪流和连绵起伏的丘陵美丽得令人心痛，另一方面，那些垂死的城镇和废弃的拖车，以及因露天开采而被削去山顶的山峰，昭示着丑陋的现实。一方面，他们憎恨“红脖子”[1]“乡巴佬”以及“白人垃圾”等负面的刻板印象，另一方面，他们又大胆地接受这些称呼。西肯塔基大学（Western Kentucky University）的历史学家安东尼·哈金斯（Anthony Harkins）注意到，“南部山区的居民”一方面谴责“乡巴佬”这个词，认为它是“一种恶毒的污蔑，另一方面又使用这个词来捍卫他们的价值体系，颂扬他们的文化遗产”。

---

1 “红脖子”是一个美国俗语，指一些思想顽固，受过很少教育的农民和乡村白种人士（因为在地里劳作而晒红了脖子）。由于见识不多而又不愿接受新事物，所以行为落后。——译者注

关于阿巴拉契亚地区的神话还有很多，例如这个地区吸食冰毒的瘾君子人数低于人口占比，但这种情况仍存在。阿巴拉契亚地区的癌症、心脏病和糖尿病的发病率高于美国其他地区。在阿巴拉契亚中部地区，只有不到 12% 的成年人拥有大学学位（全国的比例是 27.5%）。尽管这一地区中的许多地方都取得了显著的进步，但阿巴拉契亚地区的大部分农村人口——这个地区有 42% 的农村人口，而美国其他地区的这一数字是 20%——仍然深陷贫困，以美国的标准来说，这一点很不寻常。奥斯利县是全国最贫穷的县之一，这并不是特例，相邻的肯塔基州的 4 个县都是如此。事实上，在美国 100 个中低收入水平的县中，大约有四分之一位于阿巴拉契亚地区，所以这里可能是美国最贫困的地方了。

即便真的有“阿巴拉契亚文化”，那它也不是“三要素”的文化。无论是对经济上的担忧还是被全国其他地区看不起的感觉，整个地区都毫无安全感可言。同时，尽管许多阿巴拉契亚人对自己的地区和传统非常自豪，但可以肯定地说，与美国的其他地方相比，他们大多数人的内心深处并没有优越感。

就像非裔美国人一样，阿巴拉契亚人也被人看成是低人一等的——在遗传、道德、文化等方面都不如别人，他们一直饱受这种刻板印象的无情影响。（如今，比起其他种族的穷人，对“白人垃圾”的侮辱和蔑视更能被社会接受。）阿巴拉契亚人都知道这些刻板印象，也和这些刻板印象斗争了很多年，经常做出深刻的、有洞察力的回应。比如坏男孩吉姆·瓜德（Jim Goad）在他的《红脖子宣言》（*Redneck*

Manifesto）中写道：

> 我们的杂志、情景喜剧和热门电影中充斥着对乡巴佬、土包子、山里人、穷酸白人和拖车人渣的抨击……渐渐地，人人都相信白人劳动阶层都是那副动画卡通里的形象——挎着步枪、挖着鼻屎、啤酒肚……憎恨同性恋、性生活粗野、对女儿动手动脚、鼻涕虫似的懒汉……
>
> 美国对“白人垃圾”的憎恨归根结底是自我憎恨，是负罪感的投射，是美国将自己妖魔化的一种简便方式。或者更确切地说，是想驱除妖魔，却只把妖魔安放在了自身之外的某个地方。

正如肯塔基州作家安·谢尔比（Ann Shelby）说的，对于所有红脖子的笑话，一种常见的反应就是“随声附和。别人只要说关于阿巴拉契亚的笑话，他们说一个，你就说两个。‘为什么他们要在俄亥俄河上建一座桥？’‘因为这样乡巴佬就能在阴凉里游过去了。’大笑一番，假装不那么聪明，制造和夸大你的乡巴佬形象。我有一个朋友就在用这个方法，并极力推荐。他说，‘你一直在开他们的玩笑，他们甚至都不知道’。”另一种反应是“愤怒……它给人的印象可能仅仅是暴躁或者过于敏感，但它却是无数大大小小的侮辱累积的结果。在这片广袤且形色各异的地区里，这也许是我们最大的共同点。”

在拥有大量阿巴拉契亚人口的辛辛那提市，教育工作者已经开办了社区学校来“反击‘愚蠢的乡巴佬’的刻板印象”。正如一所学校的班主任说的那样："我们有意识地去尝试做些事情，已经取得了一些成果。我们就是要帮助人们接纳自己，认可自己。"不用说，这些事都没有反映出他们内心深处的优越感。

那么克制力呢？山地坚忍不拔的拓荒传统和不屈不挠的精神并没有消失，但一些其他的东西似乎也渗入了阿巴拉契亚的乡村文化中。许多人观察到——也许正是这些助长了上面的刻板印象——"失败主义""沮丧"或者"自暴自弃"在阿巴拉契亚的贫困社区中普遍存在。西弗吉尼亚州作家约翰·奥布莱恩（John O'Brien）在他的回忆录《我家在阿巴拉契亚心脏地带》(*At Home in the Heart of Appalachia*)中，把"阿巴拉契亚人的宿命论"说成是"一种深刻的意识，觉得自己从根本上就是下等人，生活从来都是荒谬和毫无希望的"。

宗教态度可能也起了一定的作用。美国小说家丹尼丝·贾尔迪纳（Denise Giardina）在西维吉尼亚州的黑狼煤炭营区长大，她写道："我们阿巴拉契亚人是一个宗教群体，因此，很多山里人采取了这种态度——'担心是没用的……因为耶稣反正要来！'……人们祈祷并且获得救赎，等待上帝来解决一切问题。"社会学家凯·埃里克森（Kai Erikson）说，"山里人"往往觉得"在主宰阿巴拉契亚的上帝面前很无助，在反复无常的大自然面前很无助，在那些剥削他和他土地的人的各种诡计面前很无助"。不过，尽管很多阿巴拉契亚人做两三份工作也只是勉强糊口，但仍然有人认为，政府的福利政策破坏了曾经强大的山区工作伦理。

不管是什么原因，事实上，阿巴拉契亚地区显示出了越来越令人不安的自我放纵的迹象。肥胖很常见。虽然导致肥胖的因素有很多，但文化态度似乎在其中扮演了重要角色。来自肯塔基州布莱斯特县的作家J. D. 万斯（J. D.Vance）在他那本引人注目的回忆录中写道：

> 我们还是孩子的时候，从来没有学过控制饮食，没有学过把我们吃进肚子里的东西和任何实际后果联系起来。我们都嘲笑某些运动——“跑步是呆子才干的事，他们甚至不用球！”但当我们的孩子在当地的自助早餐厅吃下四大盘堆得满满的、浇了肉汁的饼干时，大家却交口称赞。就好像“没有节制”也是一种文化价值观。

滥用药物的现象也很普遍。奥施康定是麻醉剂的最佳选择；在全美范围内，阿巴拉契亚地区是滥用阿片类处方止痛药最严重的地方。在阿巴拉契亚地区到处都有所谓的“黑药店”[1]，甚至还出现了一个新绰号“药罐子”（pillbilly）。2010年，在俄亥俄州的一个县，近十分之一的新生儿药物检测呈阳性。这个地区也是全美青少年怀孕率最高的一个地区，也许人们希望年轻女孩成为母亲而不是负担生计的人。2009年，在阿巴拉契亚地区的肯塔基州，15至19岁女性的生育率几乎是新罕布什尔州的4倍（比全美的平均数字高出50%）。

简而言之，阿巴拉契亚文化不是“三要素”文化——但这不是

1 “黑药店”（pill mill）通常指非法出售处方药的医生、诊所或药房。——译者注

阿巴拉契亚地区贫困的原因。这一点非常重要，我们再重申一遍：缺乏“三要素”文化并不是阿巴拉契亚地区贫困的原因。

地理、历史、经济结构转变以及某种形式的“资源诅咒”[1]（以及与之相关的腐败、对廉价劳动力的剥削和对开采资源所得财富的高度扭曲的分配）是阿巴拉契亚地区贫困的主要原因：传统产业不断衰退；开采盐和木材获得的财富没有重新回到这个地区；煤矿采掘日益机械化。削平山顶对煤炭公司来说固然利润丰厚，但这样做不但留下了一片不毛之地，而且破坏了就业机会。仅在西弗吉尼亚州，采矿业的工作机会就从 12 万个降到了 1.5 万个。根据一项研究，阿巴拉契亚地区高中教育的回报率正在下降。这项研究得出的结论是，阿巴拉契亚地区是一个低技能、低技能回报率的“双重危险”地区，而技能回报率低会导致经济停滞。同时，在阿巴拉契亚地区发生的各种灾难性的工业事故，例如 1972 年布法罗克里克地区的洪水以及 2000 年马丁县的煤矿淤泥泄漏事件等，并没有像全美其他地区发生的类似事故那样引发同样的抗议（马丁县的泄漏事故泄露污泥的体积是埃克森·瓦尔迪兹号油轮泄漏事故[2]的 30 倍，但后者成了全球新闻），受害者也往往得不到补偿。

---

1 “资源诅咒”是一个经济学术语，多指与矿业资源相关的经济社会问题，指的是国家拥有大量的某种不可再生的天然资源，却反而形成工业化低落、产业难以转型、过度依赖单一经济结构的窘境。——译者注

2 这次漏油事件发生于 1989 年 3 月 24 日午夜。欲前往加州长滩的埃克森公司油轮瓦迪兹号在阿拉斯加州威廉王子湾触礁，泄漏了 1100 万加仑原油。这起事件被认为是当时最严重的原油泄漏事故。——译者注

在这种情况下，不难预见，出现沮丧情绪和宿命论是再自然不过的事。同样不难预见，及时行乐的心态也十分普遍。

如今，几乎人人都知道棉花糖实验，但最近的一项最重要的发现尚未引起足够的重视。许多人把棉花糖实验解释为一种性格测试，认为能从中发现自我控制力最强的孩子。但在 2012 年，研究人员重新开展测试时，加入了一点新做法：在孩子们得到第一块棉花糖之前，让其中一些孩子碰到成年人失信的情况。例如，负责测试的成年人告诉孩子们，如果他们等上几分钟，就会得到一些“令人兴奋的艺术品”可以玩,但之后并没有兑现诺言。在经历了这类事情之后，几乎所有孩子都“没有通过”棉花糖实验。也就是说，他们一口吞下了第一块棉花糖而不是等着第二块。（其他孩子也和成年人有同样的互动，只不过成年人果然兑现诺言，而这些孩子大多都通过了实验。）但是那些“失败”的孩子并没有表现出自我控制能力弱的情况。他们只是做出了理性的回应，因为那些许诺给他们第二块棉花糖的成年人已经证明他们不值得信任。

如果人们不相信这个制度，如果他们认为社会告诉他们遵守纪律、努力工作就有回报是在撒谎，如果他们认为像他们这样的人这么做压根不会成功，那他们也就没有动力去克制自己，去牺牲当前的享受以获取未来的收益。这在美国城市中的贫民区和阿巴拉契亚地区的乡村都是如此。研究表明，童年的贫困和受虐待使人们更有可能选择及时行乐，而不是暂时克制以追求未来更大的满足。正如美国社会可以粉碎一个群体的优越感叙事那样，它同样也可以粉碎这些人的克制力。

因此，导致贫困的原因也同样会抽走这个群体的“三要素”文化。

一旦发生这种情况，情况就会不断恶化，贫穷就会变得更加无法摆脱。从统计上讲，那些未成年就怀孕的少女最终的经济情况往往也会很差。那些没有获得更高学历的孩子情况也是如此，吸毒成瘾的人也是如此。阿巴拉契亚地区委员会最近报告：“人们越来越担心药物滥用正在侵蚀阿巴拉契亚地区的经济和社会结构”。美国各地的许多群体都是这样，不管是白人还是黑人，不管在农村还是在城市。他们最初陷入贫困并不是因为他们没有“三要素”文化，但他们现在确实没有了。他们的问题愈演愈烈，越发难以走出困境。在这种情况下，需要更大的勇气，更多的韧性——也许是更加出类拔萃的个体——才能逃脱这个循环。

美国还有些群体不向上流动，是因为他们不想向上流动。美国的阿米什人大约有 20 万，主要生活在宾夕法尼亚州、俄亥俄州和印第安纳州，他们就是很好的例子。“三要素”理论非常适合这样的群体，但他们显然没有这样的文化。他们也为“三要素”文化和基督教义之间的关系提供了极好的线索。

对阿米什人来说，即使他们在简朴生活中的某些规矩上有些不同，克制力也完全不是问题。伦诺阿米什人（Renno Amish）使用的是黑顶的四轮马车；拜勒阿米什人（Byler Amish）使用的是黄顶的马车；潇洒的印第安纳州瑞士阿米什人（Swiss Amish）使用的是敞篷马车。而沙滩阿米什人（Beachy Amish）实际上开的是汽车。在另一个极端，斯瓦增楚贝阿米什人（Swartzentruber Amish）不用现代取暖设备，室内没有上下水管道或不间断的热水，没有冰箱，没有拖拉机，和外部世界几乎没有联系。

但是大多数阿米什儿童，从“裹着尿布的时候”起，就被要求“完全服从”，遵守纪律，无条件地顺从信仰的约束——不仅仅是穿着简朴，不用电（显然没有电视或者电子游戏），而且也不能四处探索或者玩耍，不能质疑权威。童话故事、科幻或奇幻小说、故事里有会说话的动物都是令人厌恶的东西。在三四岁的时候，阿米什儿童就开始在房子或者农场周围干活。他们还必须在教堂里坐几个小时，聆听用“高地”德语对成年人的宗教宣讲。阿米什儿童和说英语的美国儿童之间的差别是惊人的。一位当地的果园农场主观察到，来采摘水果的阿米什儿童“通常会一直干活，直到父母满意为止……而那些说英语的儿童可能会兴致勃勃地摘五到十分钟樱桃，就感觉无聊了，然后用樱桃打架、爬树或者生闷气”。

换句话说，阿米什人肯定有“三要素”文化中的第三个要素——克制力。但他们有优越感吗？

阿米什人给出的答案肯定是“没有”。他们的信条是极端的谦卑，骄傲是一种罪。《圣经》中他们最喜欢的一段话是：“不要志气高大，倒要俯就卑微的人。不要自以为聪明。”[1] 与摩尔门教徒不同，阿米什人认为，人永远低于上帝。他们从小就被教导要憎恶任何想要超越

1　这段经文来自《罗马书》第 12 章第 16 节（罗 12:16）。——译者注

别人的努力。事实上，他们反对八年级以上的教育就是因为他们相信，“高中以及高等教育会让人傲慢[1]，感到高人一等，变得骄傲……这是简朴和谦卑的对立面”。

然而，声称自己谦卑本身就可能是反向优越感的表达[2]（地球上最谦卑的人）。尼采——如果他没有优越感，那世上就没有人有优越感了，他相信所有的基督教信仰都是建立在这种反向优越感之上的：取悦穷苦大众，摧毁贵族文明，最终形成现代民主制度和全人类人人平等。具体到阿米什人，他们可能恰恰介于这两者之间。

根据阿米什权威学者约翰·霍斯泰特勒（John Hostetler）的说法，阿米什人“不是激进的民族中心主义者”。他们接受其他人，“并不试图评判或者改变”他们。他们甚至不相信自己已经获得了救赎（他们希望获得救赎，但认为相信能获得救赎就太骄傲了）。另一方面，阿米什人暗地里觉得美国其他地方的道德“被污染了”。他们往往会这么评论：“让孩子在无人看管的情况下每天看着电视里的垃圾节目，是对儿童最大的虐待。”这种评论表明，阿米什父母认为他们抚养孩子的方式更好。在某种程度上，不管阿米什人是否意识到了这一点，他们中的大多数都会为自己的不骄傲而感到骄傲，并且相信一种简单、节俭、勤奋、不追求胜过他人的生活——使他们胜过他人，或者至少是他们的生活方式胜过他人。

但是，不管阿米什人有没有优越感，有一样东西他们肯定没有，

---

1 原文是德文 Hochmut。——译者注

2 反向优越感是一种通过对具有优势的事物持相反论点而获得的优越感。——译者注

那就是“三要素”中的不安全感。

“三要素”中的不安全感是一种对自身价值或社会地位的不满、焦虑和不确定的感觉，是一种对你做的事或拥有的东西在某些基本层面还不够好的意识。这种不安全感会强烈刺激一个人，鞭策个体不断拿自己和他人比较，渴望获得尊重和认可。这就是个体渴望不断提升，渴望“让全世界看看”的原因。

毫不夸张地说，阿米什文化的全部主旨就是要避免“三要素”中的不安全感。阿米什人教育自己的成员对他们在美国社会中的地位毫不关心。他们拒绝用美国的拜金主义价值观衡量自身的价值。他们的目的不是“让全世界看看”,而是“和全世界隔离”。他们成功地封闭了自己，避免受到美国其他人的评价、价值观和成功标准的影响。

不仅如此，阿米什人受到的教育让他们认为，他们拥有的这些为数不多的简单物品已经足够好了。他们严厉压制那种会导致人与人之间互相竞争、导致和他人比较、看谁取得的成就大的思想。

例如，当阿米什男孩开始参加当地的垒球联赛并获胜时，兰开斯特郡的主教就表示反对。一家阿米什报纸问道：“如果比赛不是为了放松和消遣，而是为了培养竞争精神怎么办？如果这些球队参加锦标赛，赢得了他们这一级别的州冠军，然后去参加全国比赛，又该怎么办？”球类运动本身并不是罪恶，但“当击球和接球不仅仅是游戏，而是严肃的竞争时”，球类运动就是罪恶的。

当然，阿米什人也有他们担忧的事：担心入不敷出，担心他们的庄稼，担心他们的孩子。但他们给外来者的普遍印象是平静和包容。

阿米什人似乎没有任何“肩头重担”。那些“说英语的人”对他们的看法并不会刺痛他们。他们根本不关心要不要在美国人眼中证明自己。

因此，阿米什人的例子证明有一种方法可以使一个群体避免“三要素”文化：利用宗教的力量完全置身于体制之外。正如我们在前面说的那样，美国最成功的群体都是外来者，但他们都是想融入美国社会的外来者——或者说，至少是想获得美国人认可的那种成功的外来者。像阿米什人这样的群体，完全脱离了美国，在他们自己的族群和信仰中找到了安全感。而驱使其他人获得金钱、声望和权力等外在成功的不安全感，在他们这里都被压制住了。

阿米什人的例子还突显了“三要素”文化和流行了千年的基督教教义有多么格格不入——基督教传统是否定一切对世俗的成功和财富的追求。（“贪财是万恶之根”[1]；“那在后的将要在前”[2]；“骆驼穿过针的眼，比财主进神的国还容易呢”[3]。）基督教擅长教导穷人在信仰、爱和救赎中寻求安全感，而不是在世俗的财产中去寻找安全感。

要把“三要素”文化带进基督教，需要的是一场神学上的革命——至少马克斯·韦伯对早期新教徒的著名理论是这样说的。这样的革命恰恰发生在宗教改革时期。革命发生后，那些追随基督教新信仰的人在包括美国在内的全世界都取得了经济上的主导地位。

1 见《提摩太前书》第 6 章第 10 节（提前 6:10）。——译者注

2 见《马太福音》第 20 章第 16 节（太 20:16）。——译者注

3 见《马太福音》第 19 章第 24 节（太 19:24）。——译者注

韦伯对清教徒和其他早期加尔文主义者的经典研究著作《新教伦理与资本主义精神》，可以说是对获得超出人口占比的成功群体进行的第一次系统性的社会学研究。这本书的著名之处就是以社会实录开篇；韦伯在这里写道，一个“非凡的”事实就是：在整个欧洲和美国，新教徒在经济上支配着天主教徒。韦伯对这一现象的解释揭示出他在早期新教教义中发现的一套不同寻常的文化特质。当然，他在书中使用的术语和我们在本书中表达的不一样，但从本质上来看，这就是我们说的“三要素”文化。

韦伯认为，清教徒等新教教派深受加尔文主义的影响，认为自己是上帝的选民，是上帝选出的一小部分能获得救赎的人，而其他人则会在黑暗和罪恶中沉沦。但他们同时也有巨大的不安全感。加尔文主义的教义指出，人不可能知道谁获得了救赎，谁没有。上帝已经预先决定了你的命运，无论你做什么——做任何好事，忏悔任何罪过，举行任何神奇的圣礼——都无法改变他的计划。“我是上帝的选民吗？这个问题迟早会在每一个信徒的心里兴风作浪，并让他把其他的一切都抛到脑后。我怎么能确定……？”

更糟糕的是，怀疑自己是不是能获得救赎本身就是信仰有瑕疵的证据，是一种受到诅咒的迹象。这种个人、神学和认识论上的不安全感导致了通过世俗的成功来证明自己的“举证主义”。获得物质财富的目的并不是为了奢侈的生活。早期的新教徒认为，人的事业是或者说应该是上帝赋予的“使命”，是上帝要他们在尘世做的事。因此，一个人可以通过不懈的刻苦工作、节俭、自律和最终的财富来证明他的信仰和天选之民的身份。“最重要的是，”韦伯说，一个新教商人“在事业上的成功不仅可以让他在世人面前衡量自己的价值，也可以让他在神的面前衡量自己的价值”。

换句话说，新教徒在美国的成功是另一个版本的“三要素”文化的成功。清教徒之所以努力工作而且节俭度日（克制力），是因为他们不仅相信自己的身份特殊（优越感），而且的确需要在活着的每时每刻都要证明一些事（不安全感）。他们必须向每个人——天主教徒、其他的新教教派、他们的会众以及他们自己证明他们确实是上帝的选民，他们正是通过积累财富的方式做到这一点的。

＊＊＊

韦伯用文化来解释新教徒在经济上成功的部分原因是因为其他解释都行不通。韦伯观察到，财富继承或许可以解释一部分新教徒和天主教徒之间的差异，但解释不了全部。政治或国家差异也解释不了新教徒的成功。例如，并非所有的新教徒都是英国人，但英国人比其他人都更富有、工业化程度更高。没错，不管你考察法国的胡格诺派还是美国的清教徒，不管你考察新教徒占少数的国家还是新教徒占多数的国家，你都会发现同样令人困惑的模式：新教徒在经济上都占据主导地位。所以要从新教文化本身来解释这件事。

摩尔门教徒在美国取得成功还有一个突出的特征：他们的成功同样公然挑战了对群体经济表现的所有主流解释。显然，摩尔门教徒的成就不是移民标准的副产品，因为大多数摩尔门教徒并不是移民。那么智商解释论的支持者会怎么说呢？难道说犹他州一次大规模的基因突变让摩尔门教徒比其他美国人更聪明了？像贾雷德·戴蒙德这样的学者已经证明了地理因素会如何影响个体的经济命运，但很难想象如果用地理因素来解释摩尔门教徒的成功会是什么结果。

摩尔门教徒的成功无法用生物、地理或人口结构理论来解释，因为它是“三要素”文化的成功。事实上，摩尔门教徒的“三要素”文化和早期的新教徒文化是对应的。摩尔门教徒继承了清教徒天选之民的认识，他们高度自律，不仅相信自身来到世间肩负着使命，而且正如作家兼历史学家詹姆斯·卡罗尔（James Carroll）所说，获得世俗的成功是“上帝眷顾的标志”。

甚至连摩尔门教徒崛起的时机也符合“三要素”文化的理论。直到 20 世纪，“三要素”文化才在摩尔门教徒中巩固下来，为他们在今天获得超出人口占比的成功奠定了基础。

今天，严格自律是摩尔门教文化的一颗定盘星。他们的禁欲，他们那两年艰苦传教的生活，以及他们相对于更美国化的放纵性关系所倡导的性保守主义，都说明了这一点。但直到 20 世纪，摩尔门教的这些文化元素才明确地建立起来。《智慧语》是摩尔门教禁止酒精、烟草、咖啡和毒品的书本依据，但人们一直把它仅仅看成是好的建议，直到 1921 年，教会才把它定为摩尔门教徒必须遵守的规则，否则不能参加宗教仪式。摩尔门教的“家庭之夜”——每周一个晚上，一家人在一起唱赞美诗、祈祷和诵读宗教经典——也始于 20 世纪初，是为了鼓励摩尔门教青年参加教会活动的新举措。

经过一个世纪的努力，他们的传教工作取得了惊人的进展。从1830 年到 1900 年，教会估计大约有 1.3 万名摩尔门教徒执行了传教任务；从 1900 年到 1950 年，有 5 万人；从 1950 年到 1990 年，则多达 40 万人；自 1990 年以来，有超过 65 万人执行了传教活动。至于性解放，在 1904 年教会禁止一夫多妻制之前，摩尔门教徒是自由的放纵派。

摩尔门教徒放弃了一夫多妻制，也就结束了所谓的分离主义“犹他州阶段”——这是一段与世隔绝的时期，摩尔门教徒为了躲避整个国家对他们的唾弃和攻击，在偏远的盐湖谷中寻求庇护。在逐渐将一夫多妻制的问题抛诸脑后之后，摩尔门教徒开始变得外向，开始与美国社会接触，在盐湖城的板房里挂上美国国旗，并与童子军结成联盟。用“三要素”文化的术语来讲，19 世纪的摩尔门教徒就像阿米什人一样，在他们自己的信仰、价值观和与世隔绝中寻找安全感，对国内其他人对他们的看法漠不关心。但在 20 世纪，“三要素”文化中的不安全感变得更加突出。这种外向型的转变重新定义了 20 世纪的摩尔门教的文化，摩尔门教徒开始渴望向美国证明自己，向美国证明他们可以在美国取得成功——实际上是要证明他们可以领导美国，证明他们是美国人中最具美国特色的人。

当然，我们无法证明，是否因为摩尔门教的文化中出现或强调了“三要素”的文化特质，从而推动了他们的成功；但的确有一些间接、有趣的证据可循。一个世纪以前，一些摩尔门教徒群体拒绝放弃一夫多妻制，并从主流教会中分裂了出去。其中一个叫基本教义派耶稣基督后期圣徒教会（Fundamentalist Church of Jesus Christ of Latter-

Day Saints，以下简称 FLDS），至今仍有相当数量的信徒（大约 1 万人），主要居住在亚利桑那州的科罗拉多城。FLDS 和主流教会分裂时，主流教会还没有用《智慧语》约束教徒，也没有开始推动摩尔门教文化走向更严格的自律和自我控制。因此，FLDS 不戒烟酒，不戒咖啡。而且，他们还保留了早期摩尔门教历史的那种内向型生活方式，只按自己的方式生活，不管其他美国人怎么看他们。如今的结果就是，科罗拉多城是美国最穷的城市之一。

大屠杀幸存者的子女被称为“第二代幸存者”，他们在过去几十年里一直受到广泛的研究。不出所料，在这些群体中发现了创伤后应激障碍（PSTD）的症状，这不仅表现在他们的行为上，也表现在体内高水平的皮质醇（一种应激激素）上。（根据表观遗传学[1]的新发现，甚至有人提出，父母的创伤可能会影响孩子的遗传基因，给下一代留下所谓的“遗传伤疤”。）但出乎意料的是另一个非常不同的发现：第二代幸存者在经济上不仅超过了非犹太人群体，也超过了犹太人群体，包括大约在同一时期移民的犹太人群体。

这一出人意料的发现促使社会学家更仔细地研究大屠杀幸存者的家庭为什么能够成功。他们的发现答案正是“三要素”文化。

在对幸存者的孩子的采访中，一个最强烈也是最让人心酸的印象就是，他们为了替父母分忧，觉得必须要克制自己，压抑自己的

---

1 表观遗传学（epigenetics）是研究基因的核苷酸序列不发生改变的情况下，基因表达的可遗传的变化的一门遗传学分支学科。——译者注

感情、需求或者青春期的叛逆：

> 我记得小时候总是忧心忡忡。我觉得我必须照顾父母。我想（我母亲）把我看成一个成熟的人，一个她可以依靠的人——即使她并不想依靠我。我觉得我周围的孩子有更多的自由，无忧无虑……而我更多的是感到背负着对父母的责任。我很成熟。我从来就不是一个孩子，不能到处玩耍，不能兴高采烈。

心理学家亚伦·哈斯（Aaron Hass）本人也是第二代幸存者，他在关于大屠杀幸存者子女的书中写道：

> 我从纳粹的魔爪中幸存下来就为了这个？我从集中营里活了下来就为这个？如果我跟父母顶嘴，或者我回家比说好的时间晚，他们总会极度痛苦地对我念叨这些话……
>
> 我，我的需求，似乎在他们可怕的过去面前不复存在。考虑到我自己也很理解他们所经历的那些事，我怎么能惹得他们更悲伤呢？我怎么能再刺激一根已经暴露在外、伤痕累累的神经呢？……他们承受的痛苦已经达到了那副肉体躯壳所能承受的极限。我认为，我的父母总是处在崩溃的边缘……
>
> 我的童年或青春期完全没有什么叛逆行为……在深入了解了犹太人在欧洲的实际遭遇后，你就更难采取对立的行动，很难批评他们或者对他们说“不”了。

这些话以一种令人痛苦的方式表达了对克制力的强烈需求。孩子在很小的时候就学会了这一点。研究人员甚至发现，作为孩子，第二代幸存者似乎经常“被禁止制造噪声”。

至于不安全感，幸存者子女的焦虑在某种程度上太明显了，已经无须多言。除了担心父母的脆弱，他们还经常被告知这个世界可能会背叛他们。正是因为生活的不稳定，让他们需要在学校里和生活中更加努力。传记作家海伦·爱泼斯坦（Helen Epstein）也是第二代幸存者，她对其他幸存者的子女进行了大量的采访。她引用一名 29 岁的加拿大男子的话：

> 我父母常说，一个人可以失去一切，但他头脑里的东西却不会失去。他们说，我必须接受教育，因为敌人可以夺走我们的一切，但夺不走教育。渐渐地，当我意识到敌人到底是谁时，我开始明白了。

索尼娅·塔茨（Sonia Taitz）（也是一位第二代幸存者）在她那本感人至深的回忆录《钟表匠的女儿》（*The Watchmaker's Daughter*）中写道：

> 大学毕业后，我害怕回到华盛顿高地[1]，回到母亲堆满洋葱土

1 华盛顿高地是美国纽约市曼哈顿北部的一个地区。——译者注

豆的厨房和我自己的小蜗居中。我不想走上错误的道路，走上死路，然后被扔在死人堆上。我要奋斗，我要胜利。

哈斯采访的一位成为电视编剧的受访者回忆道：

> 母亲把我们培养成自食其力、准备充分、以成功为目的的人，因为她害怕……如果再发生大屠杀那样的事，我们无法照顾好自己。我们必须用成功来保护自己，而不仅仅是让自己快乐。

在这种不安全感之上，还有另一层不安全感。幸存者的子女经常提到一种压力：要在生活中成功，以弥补父母遭受的苦难，让他们的牺牲不白费。一项研究将这种心态总结如下："他们觉得自己有责任给父母的生活带来快乐、自豪和希望。所有的受访者都提到他们有责任通过自己的生活让父母更快乐……这些成年的子女都提到为了实现父母给他们设定的目标所经受的那种持续的压力。"

如果这种责任感在某种程度上是第二代移民的典型特征，那么在幸存者的子女身上则表现得更为明显。这不仅是因为他们的父母承受了巨大的痛苦，也因为许多幸存者迫切"需要重建他们失去的家庭"。他们希望孩子以某种方式取代被德国人（或者波兰人、乌克兰人或其他人）杀害的家庭成员。子女的名字经常取自某个被害者的名字，父母会让他们强烈感受到"必须要弥补失去亲人的痛苦"。父母会告诉他们"我们就只有你了"这样的话，同时还会指出他们与那些已经逝去的亲人有哪些相似之处。引用两位第二代幸存者的话：

> 我不是大卫·格列伯，而是我父亲的兄弟罗密、摩实、亚达米和他的父亲大卫；我弟弟也不是哈维，而是我母亲深爱的兄弟赫歇尔，或是她的父亲阿哈龙；我的姐妹们也是以我们的祖母和姨妈命名的，莎拉、莉娅、贝拉、莫莉，她们都是我们的父母最后见到的亲人，之后……他们被分开运送到集中营，从此再也没有团聚过。代表六百万死难者是一项重大的责任，对一个孩子来说是可怕的负担。
>
> 我真想知道，我这辈子有什么是我自己主动想过要做的……有时，我的生命似乎不是我自己的。成百上千在战争中丧生的人通过我活着……我的父母也通过我活着。他们在我的生命中看到了他们在战争中失去的岁月，以及在移民美国时失去的岁月。小时候我常常想，我的生命不是一条普普通通的生命，它是一段已经分配了宿命的人生。

然而，尽管有这些不可能实现的期望，尽管需要压抑自己的冲动，幸存者的子女并非以受害者心态反复提到他们那独特的遗产，而是带着自豪感阐述这些的。更为著名的“幸存者内疚”[1]概念有一个必然结果就是幸存者的优越感。另一个幸存者子女是这样对哈斯说的：

1 幸存者内疚是指一个人在面对危及生命的情况下活了下来而其他人没有的状况时，感到的内疚。——译者注我的存在区分了犹太幸存者和非犹太幸存者。我总是为我的父母是幸存者而感到自豪。我认为，也许是因为他们牺牲和经历的一切，让他们成为更优秀的犹太人。我总觉得自己比其他犹太人强。我感到很自豪，就好像我曾经在那里一样。

爱泼斯坦也报道了她的一位受访者说的类似评论：

我也许能平静、流畅地说出“我的父母曾进过集中营”这句话，但这句话在我的耳中听来，就像是忠诚宣言一般。它让我完全站在了“那些人”一边，远离那些肤浅的、没受过罪的美国犹太人或是外邦人——他们对自己不理解的事情似乎很快就会得出结论。我用骄傲回应他们的可怜、窘迫或是困惑。

塔莰也表达过同样的情绪：

我的父母都是集中营的幸存者。他们不是受害者——而是幸存者，是那些直面死亡并且击退了它的人……我从来都不认为他们软弱，我认为他们是神一样的战士，只是受了伤。

因此，在大屠杀幸存者的子女身上，我们发现了完整的“三要素”文化，只是有些隐藏在了奇怪而痛苦的伪装之下。事实上，听这些人说的话，你会发现他们几乎是在说“三要素”文化的术语：很多幸存者的孩子有“优越感”，“萦绕在心头的不安全感”促使他们“在学习和工作中获得成功”。这种优越感和不安全感的结合，产生了一种近乎强制性的工作需要，一种坚持不懈、获得成就的需要：“在建功立业的强烈冲动的驱使下，幸存斗士的家庭中充满了强制性的活动。父母禁止一切意味着受害、软弱或自怨自艾的行为。骄傲是一种美德，放松和快乐则是多余的。”

我们将群体衰落的可能性放在本章的最后讨论，十分恰当。2012 年，《美国保守派》（*American Conservative*）杂志的前出版人罗恩·温茨（Ron Unz）用一组惊人的数据表明，“犹太人的学术成就最近出现了急剧下滑”。诚然，温茨使用的基于姓氏的分析方法固然不精确，但他估计，犹太人在数学奥林匹克竞赛中得到最高分数的比例，从 20 世纪 70 年代的 40% 以上，下降到 2000 年以来的 2.5%。从 1950 年到 1990 年，在享誉全国的英特尔少年科学天才奖中，犹太裔高中生大约占最终入围者的 20%，然而自 2010 年以来，这个比例只有 7%。在 20 世纪 90 年代的物理奥林匹克竞赛中，得到最高分数的人中，犹太人占了 25%，但在过去的 10 年里，只有 5%。

不管这是不是真像温茨说得那样剧烈（许多人批评他采用的方法，并且认为他的数据太夸张了），如果犹太人的学习成绩在下降，那这种下降会破坏很多一直持有的信念：犹太人在学术上的成功原因很简单，因为他们智商高。相比之下，犹太人的表现下降则与“三要素”理论的预测完全一致。

“三要素”理论和犹太人智商更高的论断完全不矛盾。如果犹太人的平均智商真的高——这一点还没有得到证实[1]——这将直接助长犹太人的优越感，加强他们的“三要素”文化。但是高智商本身并不能解释犹太人的成功。再次重申：一次又一次的研究表明，智商本身并不能预测成功。没有动力的智商会一直处于休眠状态。动力比智商更能预测成就，而“三要素”文化会产生动力。

但与智商不同，一个群体的动力，只需一代人的时间就会丧失。如果我们以美国过往成功群体的兴衰为鉴，犹太人早就应该衰落了。

在美国，移民的成功几乎总是两代人的事。对于包括亚裔、非裔、西语裔和非洲－加勒比裔移民的大多数移民群体而言，他们的衰落都发生在第三代。例如，“第一代和第二代亚裔学生的表现优于白人学生，而第三代亚裔学生和白人学生的表现就没有区别了”。所有这一切正如“三要素”理论所预测的那样：同化和成功会减弱曾经推动第一代和第二代崛起的不安全感以及其他的文化力量。

1　一个被广泛引用但未被普遍接受的智商研究显示，阿什肯纳兹犹太人〔Ashkenazi Jews，即德系犹太人，而非西班牙系犹太人（Sephardic Jews）〕智商较高，平均智商在108到115之间（而美国人的平均智商为100）。为了解释德系犹太人较高的智商，今天媒体上最常见的理论认为，在中世纪欧洲，长达数个世纪以来的反犹主义的“自然选择”提高了犹太人的智商。由于禁止从事普通职业，犹太人只有擅长经商、放贷或者从事其他“智商低于100的人根本做不了的”工作才能生存。较富裕（因此也更聪明）的犹太人有更多的后代，而一些不太聪明的犹太人为了生存只能改变信仰。讽刺的是，在这个理论的一个版本中，导致德系犹太人高智商的基因与导致“台－萨氏综合征”（Tay-Sachs）和其他的“犹太疾病”的基因是同一组基因。目前，这些说法仍然是一种推测，并且引发了激烈的争论。在一篇重要论文里，一位著名的遗传学家说：“这是糟糕的遗传学和糟糕的流行病学。”一位历史学家则更为慎重地说：“实际上，我会把这项研究称为扯淡。”还有更多相关评论。有关来源，请参见尾注。

今天，在美国的犹太人主要是第三代、第四代或者第五代美国人。他们的父辈大多是律师、医生、银行家或者其他白领从业者，在经济上和社会身份上都相对安全。贝娄和罗斯写的是“犹太裔美国人”的文学，其作品中主要是让那些犹太角色代表犹太人发声；如今，他们都让位给了创作美剧《广告狂人》（*Mad Men*）的马修·维纳（Matthew Weiner）[1]。今天，富裕的犹太裔美国人不再像他们的移民祖先那样是外来者，他们应该做好准备，沿着看似不可避免的“三要素”的文化轨迹走向衰落——这与《广告狂人》中描述的20世纪30年代的美国白人新教徒的情况并无二致。

不过，也可能由于犹太人的独特历史，他们的“三要素”文化能更加不用依赖移民身份，即使富裕后也更能持久。在其他任何群体中，优越感和不安全感的结合都从未像他们那样成为其历史身份的核心。在今天的美国，犹太人可能是经济和文化精英中的一部分，但犹太人仍然记得在魏玛共和国时期他们同样富裕，也同样面临被同化的命运。在美国，犹太人可能不再害怕受到迫害，但在以色列——美国犹太人经常把它视为民族家园——仍然被2.2亿人包围着，他们中的许多人否认以色列存在的权利，一些人甚至公开呼吁消灭它。

犹太人对任何关于其种族衰落的暗示总是非常愤怒，这大概是他们仍然缺乏安全感的最佳证据。与白人新教徒不一样，白人新教

---

1 这句话的背景信息是：马修·维纳作为著名的犹太裔编剧，并不是以编写犹太人自己的故事而闻名。他的作品《广告狂人》《黑道家族》等作品说的都是美国故事，并没有犹太特色。——译者注

徒似乎欣然接受了自己的处境——帆船换成独木舟，但生活还是要继续！而犹太人似乎还没有准备认输。我们都知道《高高兴兴地花钱：我，我的家庭，和白人新教徒最后的辉煌》那本书，但并没有一本书的题目叫作《高高兴兴地花钱：犹太人最后的辉煌》。相反，犹太人对失去不安全感深感不安，和失去族群、失去未来、失去宗教、失去身份一样感到不安。

从这个角度看，从数学成绩或者科学竞赛中寻找犹太人衰落的证据可能是找错了地方。在 20 世纪的大部分时间里，对美国犹太人而言，专注于科学和数学领域是合乎逻辑的，因为他们当时的英语水平较低，要想在法律、政治或出版业等领域想成功，会面临着更大的障碍（就像今天的东亚移民专注于科学和工程一样）。值得记住的是，在美国的犹太人不仅在家庭收入、净资产甚至是诺贝尔奖获得者的数量等传统指标上都名列前茅；颇令人惊讶的是，尽管他们的人口占比很低，但他们同样跻身于美国最杰出的诗人和法学家、导演和记者、漫画和连环画艺术家以及左右两派的意见领袖之中。

换句话说，与美国其他获得超出人口占比的成功群体相比，美国的犹太人在“三要素”文化的轨迹上走得更远。犹太人面临的成功和被同化的“问题”，多多少少对美国其他的“三要素”文化群体而言并不是问题。从某种意义上说，美国犹太人和亚裔美国人的根本区别是，犹太人比他们早来了三代人。正如本书开头提到的那样，在美国，有几种命运可能会降临在一个成功的“三要素”文化群体上。一种是通过同化和通婚最终消失，另一种是衰落。但还有一种更吸引人的可能性——一个群体可能会找到一种方式，将“三要素”文化的能量和驱动力转到新的方向，在保持群体身份的同时，实现前所未有（包括传统意义上的）的成功。对于今天的美国犹太人而言，所有这些可能性都存在，在某种程度上，它们都有可能实现。

摩尔门教徒已经面临着同样的问题：他们中越来越多的人，尤其是年轻一代，已经对摩尔门教强求一致的文化感到愤怒。华裔的美国商界领导者越来越多地指出，“亚裔”不愿意“大声发表见解，不愿意出头，不愿意兴风作浪，这是限制他们往上爬，成为企业高管”的一个原因。印度裔美国人的眼界已经超越了商业上的成功，“不再把自己局限在美国企业的走廊上”，也在努力成为知名的公共知识分子、法官或者作家。以这种方式打破常规，是否能让“三要素”文化的群体避免走上共同的衰落轨迹，是否能让群体的第三代人继续获得超出人口占比的成功，还有待观察。

再回到犹太人的例子。他们的“三要素”文化中致命的弱点可能是克制力。如果说优越感和不安全感几乎已经根植在犹太文化中，克制力却似乎不是这种情况。正如我们在前面看到的，自我控制和遵守纪律长期以来一直是犹太文化的一部分，但是在美国的犹太人似乎不像过去那样严格，今天的犹太父母通常被认为是“宽容的”。在美国的犹太人不再说自己是犹太裔美国人了，他们就是美国人。因此，美国人对克制力的态度也影响到了他们。美国人并不赞成为了未来的回报有计划地牺牲当前的快乐，而这正是每一种“三要素”文化的标志。

美国有它自己“三要素”文化的轨迹。美国曾经是一个典型的“三要素”文化的国家,但在最近几十年却朝着一个截然不同的方向发展。这条轨迹以及它的可逆性是下一章，也是本书最后一章的主题。

第八章
我们是如何丢弃不安全感和克制力的

克制力的消失和不安全感的减弱，加上可支配收入的增加，其结果就是形成一个越来越及时行乐的社会。

在本章，我们将话题转到另一个非同寻常的问题上：我们不把美国看成诸多族群中的某一个，但就这个国家本身而言，它是否拥有“三要素”的文化呢?

从根本上讲，这个答案很简单:今天的美国文化并不是“三要素”的文化。恰恰相反，“三要素”文化和当代美国思想的主要原则——差不多是金科玉律——完全背道而驰。这也是“三要素”文化群体在美国可以有如此出色表现的原因。

但在现实中，情况要复杂得多，原因有两个。首先，国家并不是族群。对美国这样一个幅员辽阔、纷繁复杂的国家，不能像分析一个民族或者宗教团体那样去分析它。美国不只有文化的多样性，它还有文化战争，即对国家基本价值观的长期的、激烈的争论。

其次是因为历史变化的事实。正如我们下面将要看到的，美国与“三要素”文化的关系，在它诞生以来的近两个半世纪里，发生了剧烈的变化。要详细地讨论这个问题，需要单独写一本书。

虽然如此，在本章中，我们还是会大致勾勒出“三要素”文化在美国的变化过程。尽管美国有各种文化多样性以及各种政治分歧，但仍然有一个占主导地位、可以辨识的美国文化，否则，我们就不会经常听到关于世界其他地方“美国化”的评论了。更重要的一点是，即便只是大致介绍，我们也能看到美国文化是何时脱离，以及如何脱离了“三要素”文化的。在这里,我们只讨论美国历史的两端，集中关注建国时期的美国和今天的美国，但即便如此，我们也不可能公正地展现所有的细节。

美国生来是具有“三要素”的文化的。这种文化的所有常见特征在美国身上都有：驱动力、勇气、肩负重担、奋发向上。正是这些文化力量激励美国人横跨整个大陆，把 13 个贫弱的殖民地变成了如今的工业、商业巨头，在军事上所向披靡，最终成为世界上的强国。

但后来，美国发生了变化。两百年后，美国失去了它的“三要素”文化。这一点正在破坏我们的经济，我们的健康，以及我们与后代的关系。本章就是要探讨这种破坏是如何发生的。20 世纪后半叶,美国开始对不安全感和克制力宣战。到 2000 年,美国的“三要素”文化中只剩下了优越感。这种优越感本身不会带来成功，只会让人趾高气扬、自鸣得意，不知天高地厚。

有意思的是，美国今天的一切都比欧洲的大——汽车、冰箱、建筑、浴室，尤其是食品和饮料。这恰恰是因为，在托马斯·杰斐逊的时代，人们认为美国的一切东西都比欧洲的小。

著名的法国博物学家布冯伯爵乔治·路易·勒克莱尔（George Louis Leclerc，Comte de Buffon）是这样说的："在美国……所有动物都比欧洲大陆的动物小很多。美国没有任何一种动物能和大象、犀牛、河马、单峰骆驼、长颈鹿、水牛、狮子、老虎等相提并论。"另一位颇有影响力的启蒙运动作家兼神父纪尧姆·雷纳尔（Guillaume Raynal）也做过类似推论，他认为美国没有伟大的动物，所以也不可能成为伟大的国家。任何从欧洲移植到美洲的物种，包括欧洲移民和他们的后代，都会变得又小又弱。雷纳尔还总结说，难怪美国"没有出过一位好诗人，一位有才能的数学家，一位在某个艺术领域或者科学领域的天才"。

每个人都知道"美国例外论"，这种信仰可以追溯到马萨诸塞湾殖民地。持这种信仰的人认为美国注定要成为新以色列，成为万国之光。马萨诸塞湾殖民地总督约翰·温斯洛普（John Winthrop）告诉他的清教徒同胞，他们的殖民地将是一座"山巅之城"[1]。一个半世纪后，《联邦党人文集》[2] 中的第一篇文章就提醒美国人，"只有这个国

---

1 约翰·温斯洛普是一位英国律师，他毕业于剑桥大学，属于拥有土地的贵族。他购买了英国新成立的马萨诸塞公司的股票，并举家搬到马萨诸塞州。温斯洛普后来当选为殖民地总督。他在 1630 年布道时引用了《马太福音》5:14 耶稣在登山宝训中关于盐和光的隐喻："你们是世上的光。城造在山上，是不能隐藏的。"借此来提醒马萨诸塞湾殖民地的清教徒殖民者，他们的新社区将成为一座"山巅之城"（City upon a Hill），为全球瞩目。——译者注

2 《联邦党人文集》是亚历山大·汉密尔顿、约翰·杰伊和詹姆斯·麦迪逊三人为争取批准新宪法在纽约报刊上以"普布利乌斯"为笔名而发表的一系列的宪法论文，首次整理结集出版于 1788 年。——译者注

家的人民”才能决定是否建立一个以政治自由为基础的国家。正如美国小说家梅尔维尔[1]说的那样:“我们美国人与众不同，我们是上帝的选民——我们是这个时代的以色列人……我们承载着世界自由的方舟。”

但人们常常忘记，伴随美国的优越感而来的是一种深深的不安全感和肩头的重担，是一种要向目空一切的欧洲人证明自己的需要。

在巴黎时，杰斐逊曾写信回家，急切地要求他的猎人朋友们给他寄一头巨大的驼鹿来反驳布冯伯爵的论断。作为总统，他派遣刘易斯与克拉克远征[2]，目的之一是收集大型哺乳动物的骨头，特别是猛犸象的骨头，并把一个又一个的证据送到法国的自然历史博物馆。在《弗吉尼亚笔记》(*Notes on Virginia*)一书中，杰斐逊用图表说明美洲的四足动物比欧洲的大，并且评论说猛犸象体型“巨大”(实际上在弗吉尼亚州没有发现过任何猛犸象的遗迹)，是迄今为止“所有陆地生物中最大的”，至少是欧洲大陆旧世界中大象体积的“5到6倍”。

纵观整个19世纪，美国人都有一种感觉——这种感觉很可能是正确的：他们被欧洲那些更古老、殖民地遍布世界的国家看不起。卡内基即使在成为“钢铁大王”和全世界最富有的人之后，仍然写

1 赫尔曼·梅尔维尔(Herman Melville，1819—1891)是美国小说家、散文家和诗人，也担任过水手、教师。最著名的作品是《白鲸记》。——译者注

2 刘易斯与克拉克远征(Lewis and Clark expedition)是美国国内首次横越大陆西抵太平洋沿岸的往返考察活动。领队为美国陆军的刘易斯上尉和克拉克少尉，该活动是由杰斐逊总统发起的。——译者注

了一本书来记录美国“在各个领域的优势”，包括制造业、商业、教育、文学和繁殖能力。美国小说家亨利·詹姆斯写道，“我认为，一个无可争辩的事实”是，美国人是世界上“自我意识最强的人。他们深陷这样一种信念不能自拔，认为地球上的其他国家都串通起来低估他们的价值”。

不被人看好的弱者总是渴望证明自己，除了这份决心之外，美国人还萌生出一种更个人化的不安全感。法国历史学家托克维尔在19世纪30年代注意到，美国和欧洲之间的根本区别在于，美国没有“地位高低”：美国没有贵族和平民间的等级差别，没有因为出身而规定一个人可以拥有什么或可以从事什么职业（很显然，奴隶制是个大例外）。理论上讲，任何人可以做任何事，上升到任何高度。因此，每个人在社会中的地位取决于他自身的努力，个人的经济成就直接反映了他的价值。随着美国经济的成熟，这大概是历史上第一次在评价一个人或自己的“成功”或“失败”时，可以根据他干得好不好、收入高不高来做出评判。

我们可以把这称之为资本主义本身带来的不安全感——甚至可以称之为个人主义带来的不安全感。这是一种新的不安全感，在贵族社会里是不存在的，因为在贵族社会里，人们可以根据出身来判断对方。由此引出了在托克维尔的《论美国的民主》（*Democracy in America*）中带有反讽意味的核心观点：在一个很多人都拥有太多的社会里，每个人都被拥有更多的无尽欲望折磨着，而在一个以“人人平等”为核心价值观的社会里，每个人都被“出人头地”的念头折磨着。

如果说杰斐逊和猛犸象的故事表明早期的美国人在面对欧洲时既有优越感又有不安全感，那么坚韧不拔的本杰明·富兰克林就是美国式克制力的缩影。富兰克林的父母都是清教徒，他在《穷理查年鉴》一书中通过务实的说教，劝诱自己的同胞要节制、自律、勤奋、为将来存钱、不浪费时间、面对逆境时不要放弃[1]：

> 勤劳，坚毅和节俭能生财。
>
> 你热爱生命吗？那么别浪费时间，因为时间乃生命之本。
>
> 不劳则无获。
>
> 不吃苦中苦，难为人上人。
>
> 和你的缺点作战，和你的邻居善处。
>
> 有耐心，有一切。
>
> 要长寿，少吃肉。
>
> 休闲，是用来做有益事情的时间。
>
> 勤勉为好运之母。

因此，美国在刚建国时是一个典型的“三要素”文化的国家：有着与《旧约》相媲美的天选之民的叙事，无论是集体还是个人都同时存在严重的不安全感，还有从清教徒身上继承的克制力。

但这只是故事的一方面。从一开始，美国除了“三要素”文化

---

1 本书的书名和以下的书中摘录译文选自上海远东出版社（2003）刘玉红译本（书名为《穷理查年鉴——财富之路》）。这个译本也是目前最广为使用的译本。——译者注

的克制力之外还有另外一面：它的活力，它的躁动，它的个人主义以及它的反叛精神。这种藐视权威、我行我素的倾向，与清教徒的信仰一样，也在美国历史上深深地扎下了根。说到底，美国毕竟是通过叛乱建立起来的，美国大革命在各个层面上都掀起了反对权威独裁的浪潮。

当时有观察者记录说，革命“使各地政府的约束放松”：“孩子和学徒”变得“不听话”，“印第安人藐视他们保留地上的监护人，黑人对他们的主人越来越傲慢无礼”。正如社会历史学家克劳德·费舍尔（Claude Fischer）观察到的那样，地方选举变得越来越“热闹”，越来越多的“平头百姓”参与其中，“越来越多的人抨击当局”，越来越多的妻子提出离婚，大学生们变得越来越粗暴。年轻夫妇不再认为他们需要得到父母的允许才能结婚——或者是为了发生性关系而结婚。在新英格兰的几个城镇，三分之一的新娘结婚时已经怀孕了。

把所有这些骚动融合在一起的是一种摆脱旧枷锁的冲动。爱默生说，美国是一个“崭新的国家”，人们把自己的过去抛诸脑后。就像亚历山大·汉密尔顿那样，来到这个国家以后，没有人知道他是私生子。爱默生写道：“过去和未来都与我无关，我只活在当下。”爱默生对人应该如何生活提出了一种新的思考方法：不要被过去囚禁，不要被未来束缚，活在当下。

活在当下的愿望和克制力毫不相容。结果就是，美国的“三要素”文化总要和美国“活在当下”的冲动做斗争，总试图找到一种方法限制它。要想一窥它们的冲突如何深刻地改变了美国社会和它的政治生活，不妨看看这个国家最重要的两份建国文件：《独立宣言》和《美国宪法》。大多数美国人可能不会意识到，在这两份有关美国自由的基本宪章中存在着深刻的矛盾。

《独立宣言》完美表达了美国人“活在当下”的反叛精神。《独立宣言》砸碎了美国过去的枷锁，坚持认为人民有权利只受自己当前意愿的管辖。“地球是属于活着的一代的”，《独立宣言》的作者杰斐逊这样写道。事实上，杰斐逊甚至认为，上一代美国人不能为下一代美国人制定法律，所有法律应在 19 年后届满失效。

但反叛一旦开始，就很难控制。今天，随着民主制度的完善，人们很容易忘记美国曾经是一次史无前例的实验。许多人预料它会失败，而且真的差点失败了。革命后的那几年，到处都是无法无天的局面，到处是无能的政府和深得民心的暴乱，谢司（Shays）在马萨诸塞州长达一年的叛乱就是个典型的例子[1]。羽翼未丰的美国危机四伏，差不多陷入了无政府状态。

这就是《美国宪法》要解决的问题。如果说《独立宣言》抓住了美国摆脱过去、反抗权威的心理，那么《美国宪法》则是明显的“三要素”文化。它的核心就是冲动控制。

《独立宣言》背后的政治理论很简单。政府的权力只有一个正当来源——“被统治者的同意”。但如果大多数人变成了暴君，会怎么样呢？愤怒的群众可能变成暴民，他们可能迫害异教徒或者夺取富

1 谢司起义是指美国独立战争后的 1786—1787 年，美国农民军和资产阶级军队在马萨诸塞州爆发的战斗。——译者注

人的财产。如果主权在民，那似乎没有什么可以限制那些开国元勋所说的大众的“激情”了。

经过10年的社会动荡和分裂解体，制宪者们终于找到了解决这个问题的办法——在不否定人民主权的原则下，这是唯一可行的办法。因为人民掌握主权，所以人民必须同意克制自己的激情。这正是美国第四任总统詹姆斯·麦迪逊（James Madison）所理解的撰写《美国宪法》的目的。他在《联邦党人文集》中写道，不能允许“公众用……激情”来统治国家，但是，“由于人民是权力合法性的唯一来源”，他们必须同意“控制”和“规范”自己。自此以后，无数的美国人都以同样的方式看待这个问题。“《美国宪法》是人们在神志清醒时用来约束自己的锁链，这能让他们在疯狂时不会自我毁灭。”

换句话说，《美国宪法》的真正目的就是要把具有克制力的组织结构和约束条件——分权和制衡——带进充满活力的民主制度中。《美国宪法》确立了政府的结构和一整套原则，用来世世代代抑制多数主义者的放纵和冲动。与此同时，《美国宪法》强调了法治——毕竟，在一个国家里，依法治国就是控制冲动，并依此建立了强大的中央政府，拥有极大的立法权和执法权。

杰斐逊立刻看出，这与他提出的政府由当代人选出、为当代人服务的原则相背离。他认为，《美国宪法》本身就是一种暴政，是一代人把法律强加给未来的暴政。但制宪者最关心的恰恰是未来。

《独立宣言》把“追求幸福”称为不可剥夺的权利，但宪法却没有提及这一点，这并非偶然。“三要素”文化的重点并不在幸福上。《美国宪法》宣称，它的目标是为“立善盟，树正义，护国安，保共守，促公利，而使吾辈及后世得享自由之幸”。这些说的都是未来，都是目标，说的都是通过几代人的努力，实现国家的繁荣、自由和成功。换句话说，它们是“三要素”的目标；这里面并没有提及个人幸福。

就这样，《美国宪法》巩固了美国的“三要素”文化，帮助美国在北美大陆以及随后的全世界范围内强力崛起。但作为一个“三要素”文化的国家，美国也有“三要素”文化的病态特征。它的阿喀琉斯之踵[1]就是优越感。

尽管理想可能是崇高的，但革命时期的美国有那个时代所有的道德缺陷。18 世纪晚期以及之后的很长一段时间内，美国人的优越感中并没有“人人生而平等”的概念。很多美国人相信，一个种族会胜过其他种族；“文明”胜过“野蛮”；男人胜过女人；而基督教——特别是新教——胜过其他所有的宗教。

因此，美国的“三要素”文化带来的驱动力和雄心壮志也助长了美国历史上一些最黑暗的污点：至少持续了两个世纪的种族奴隶制，甚至在内战后，又持续了一个世纪的种族隔离、暴力和制度性歧视；对美洲原住民的征服、屠杀和重新安置，其中包括 19 世纪 30 年代，逼迫几个印第安部落横跨半个美洲的致命迁徙；1882 年的《排

---

1 阿喀琉斯之踵（Achilles' Heel），原指阿喀琉斯的脚跟，因是其唯一没有浸泡到神水的地方，成了他唯一的弱点，后来在特洛伊战争中被人射中致命。现在一般是指致命的弱点、要害。——译者注

华法案》；被人遗忘，却一直持续到20世纪的对墨西哥人和墨西哥裔美国人的私刑。

但对于那些从美国的“三要素”文化中受益的人而言，这是一台潜力巨大的引擎。美国的“三要素”文化和清教徒的不一样。它注入了美国人“活在当下”的愿望，变得更加关注物质生活，也更愿意打破常规。

因此，美国的“三要素”文化具有鲜明的特色。它既是一种释放，又是一种约束。在一些“三要素”文化中，个人的成长道路受到传统的严格限制，强调规避风险。而美国的“三要素”文化则不同。

美国人希望每一代人都能让世界变得不同。在杰斐逊说“地球是属于活着的一代的”之后很久，亨利·福特说了一句著名的话：“历史或多或少就是胡说。它是传统。我们不需要传统。我们要活在当下。”一代又一代的美国人开疆拓土，推倒旧事物，创造出新的宗教、新的权利和新的商业形式——按照奥地利政治经济学家熊彼特（Schumpeter）以及之后的经济学家说的那样，永远从事着“创造性破坏”的工作。如果说美国是典型的“三要素”文化的国家，那它同时也是这样的国家：人们不断攀登“三要素”文化的阶梯，只是为了最后能把它一脚踢开；人们利用它的动力和自我约束去挑战传统，去开辟未知的领域。

与其他任何国家相比，美国都更需要融合两种看似相反的冲动：“三要素”文化中的延迟满足以及“活在当下”的愿望。这在一定程度上得益于“美国梦”的魔力。办法很简单：工作日努力工作，周末尽情玩乐，努力工作几年，你就能拥有梦想中的房子、汽车和家庭。

通过这种富有成效的融合，美国成了世界上工作最努力的国家；不仅如此，同样著名的是，它也成了一个轻松自在、及时行乐的国家，一个有可口可乐、啤酒派对和阳光加利福尼亚的国家。美国人可以每周5天生活在“三要素”的文化统治下，然后在星期五下午宣布独立。历史上没有任何一个社会比它更具有两面性。

接着，在20世纪后半叶，美国发生了变化，转而反对不安全感和克制力。随着这些“三要素”文化特质的消失，剩下的就只有优越感和“活在当下”的愿望了，而这个组合不是为了产生动力、勇气和创新，它只是为了及时享乐。

今天，很多人都说是福利制度摧毁了美国人的工作伦理。美国传统基金会（Heritage Foundation）的罗伯特·雷克特（Robert Rector）和珍妮弗·马歇尔（Jennifer Marshall）都写道：“尽管福利制度改善了美国低收入人群的物质生活，但结果却瓦解了工作伦理。”用“三要素”的术语来解释，这个观点实际上是说，福利制度消灭了不安全感：从饿肚子的焦虑中解脱出来，美国的穷人过得很滋润，领着失业救济金，看着平板电视，而不是在麦当劳找一份最低工资的工作。

作为一个历史事实，现代的美国福利制度确实是为了消除不安全感而建立的。罗斯福总统在1938年的一次广播讲话中说：“今天仍然有一个未被征服的前沿阵地，那就是覆盖全国范围的巨大不安全感，以及人类的欲望和恐惧。”1944 年，罗斯福在著名的《第二权利法案》的演讲中宣称，“事实证明”，《美国宪法》“不足以保证我们平等地追求幸福”；美国需要的是“彻底摆脱不安全感”。罗斯福把这一开创性的福利计划称为“社会保障”计划,并不是没有道理的。

但是，养尊处优的阶级把美国的衰落归咎于贫困阶级，这一看法充其量只是目光短浅而已。当我们哀叹工作伦理在市中心贫民区里土崩瓦解时，我们几乎漏掉了整件事情中所有重要的东西。在巴尔的摩、底特律和纽约市的一些社区里，读到高中毕业的机会不到 50%，而黑帮头目一年可以通过贩毒赚到 13 万美元——据报道，他们的平均死亡年龄是 20 岁。这和劝说阿巴拉契亚中部地区的人们停止抱怨，去麦当劳找份工作是一个道理，这种经济上的变化从根本上消灭了以前为整个城镇提供生计的所有工作机会。

在 20 世纪后半叶，美国确实失去了不安全感，同时失去了“三要素”文化，但真正的罪魁祸首却是成功本身。是经济繁荣导致了不安全感的消失。尽管有些繁荣并不值得称道，但大多数都是靠艰苦奋斗得来的，它们反映了美国最好的一面：我们良好的制度和对创新的巨大激励。对此，各党派对背后的原因意见不一——都是福利制度惹的祸！都是减税闹的！一切都是从里根开始的！不，这全是奥巴马的错！但这些党派之争冲淡了一个无可争辩的重要事实：在 20 世纪，美国人的收入和生活水平无论从最高水准还是平均水平来看，都得到了极大的、势不可当的提高。这项经济成就在 1980 年之后更是达到顶峰，是人类历史上最大的一次财富爆炸。美国在20世纪80年代取得的成就一浪高过一浪，汤姆·沃尔夫（Tom Wolfe）的小说《虚荣的篝火》（*The Bonfire of the Vanities*）和奥利弗·斯通（Oliver Stone）执导的电影《华尔街》可以说就是这10年的象征。整个20世纪90年代的财富体量比之前的财富总和还要多。

随着互联网的欣欣向荣和风险投资的蓬勃发展，20多岁刚走出大学校门的年轻人一夜之间就可以变成千万富翁。从1995年到2000年，股票市场增长了两倍；到2000年，硅谷平均每天能新产生64个百万富翁。企业的薪酬飙升，但很少有企业抱怨，因为就业形势很好，股东利润也在飙升。没有专业技能或专家眼光的人突然相信自己是选股天才，因为他们买的所有股票都变成了真金白银。全国范围内，家庭净资产节节攀升；到2007年，这一数字超过了12万美元，创下历史新高。房子的价格也比几年前刚买入时涨了一倍。

在某种程度上，人们对美国人在经济繁荣时期富裕程度的看法有些言过其实。事实上，新增的大部分财富都进了美国收入最高的那1%的人的口袋。但根据国会预算办公室的数据，绝大多数美国人（具体而言是80%）的收入也有可观的增长；而且，可以轻易获得的贷款增加了普通美国人的购买力，这种购买力超出了他们的实际收入，有时甚至是远远超出了实际收入。与此同时，人们很容易忘记一点：如今对不平等的关注以及对华尔街的财富是否有益于普通民众的质疑，在2008年之前的几十年里并不普遍。正如经济学家罗伯特·希勒（Robert Shiller）看到的那样，“在20世纪90年代的繁荣时期，普通民众对本国企业的公开不满处于历史最低点。商人都成了明星”。

与此同时，全球化似乎预示着美国人将获得更多的财富，它几乎等同于星巴克、迪士尼、可口可乐、耐克和盖璞服饰这些企业的扩张。最重要的是，似乎很多人都崇拜美国，许多国家的政府纷纷请求美国顾问（其中一些人仍然在乔治城大学法学院读书）帮助他们实施美国式的宪法和外国投资法。弗朗西斯·福山（Francis Fukuyama）在《历史的终结》（*The End of History*）一书中提出，以美国为例的西方自由民主制度代表了“人类意识形态演进的终点”和“人类政府的最终形式”。20世纪90年代，包括坦桑尼亚和斯威士兰在内的超过35个国家建立了美国风格的股票交易所。似乎整个世界都想成为美国。美国是唯一的超级大国，一个“超级强国”，在经济、军事和文化上都处于统治地位，主宰着再无他国与之抗衡的世界。

所有这些都进一步膨胀了美国人的优越感，但对他们的不安全感却产生了相反的作用。美国第一次没有了真正的对手或者敌人。美国不再需要向世界证明什么，相反，全世界都在争先恐后地追赶美国。

与此同时，还有一些更个人的、心理层面上的力量也在不断攻击着美国的不安全感。

心理治疗师纳撒尼尔·布兰登（Nathaniel Branden）是“客观主义”哲学流派的创立者艾茵·兰德（Ayn Rand）的弟子，同时也是美国“自尊运动之父”，他这样写道：“从焦虑和抑郁，到上学、工作表现不佳……再到家暴或猥亵儿童……我想不出任何一个心理问题的根源是与低自尊无关的。”布兰登的这一论断令人目瞪口呆，可同样令人目瞪口呆的事实是，这一说法竟打动了很多美国读者。他们认为布兰登这一看法并非难以置信，甚至可圈可点。这就是自尊思维在美国取得的惊人胜利。

布兰登在 1969 年出版的《自尊心理学》（*The Psychology of Self-Esteem*）成了畅销书。到 20 世纪 80 年代，教育工作者抓住了他的观点，并做了进一步扩展。不光所有的心理问题都是由缺乏自尊引起的，那些改革家说，“几乎所有社会问题的根子都在于人们缺乏自尊自爱”，“困扰社会的很多问题——如果不是大部分问题的话——都来源于社会上很多人缺乏自尊”。

全美的学校都把培养学生的自尊心作为自己的使命。家长们也抱着同样的目标。心理学家卡罗尔·德韦克（Carol Dweck）写道：“在 20 世纪 90 年代，家长和老师……认为自尊心是世界上最重要的东西——如果一个孩子有自尊心，其他一切都会随之而来。”

心理学家之前也谈到过自尊。1890 年，美国心理学之父威廉·詹姆斯（William James）在一次有趣的谈话中就看到了它的重要性。但对詹姆斯而言，自尊的核心前提是取得成就。但在新的运动中，因果关系反过来了：自尊成了获得成功的必要条件。也就是说，必须先有自尊才能成功。孩子们在获得任何成就之前，必须先获得自尊。

换句话说，自尊运动把自尊与值得尊敬的行为分开了。如果自尊可以治愈糟糕的表现和恶劣的行为，那就必须要教会人们如何自我感觉良好，要喜欢自己，接纳自己——无论他们做过或没做过什么。

自尊运动让美国人对自己更满意了，但这并没有解决他们在心理、学术或者社会上的问题。事实上，人们已经证明，这些论断错得离谱[1]。但它的确在很大程度上摧毁了每个相信这一理论的人原本拥有的“三要素”文化——也包括他们子女身上的这种文化。

自尊运动提倡的是与“三要素”的不安全感完全相反的东西。没人该认为自己还不够好，或者必须通过做得更好来“证明自己”；接纳自我是成功的首要原则。这已经成为大量的心灵鸡汤书籍、广受欢迎的自我提升“探讨会”以及众多心理疗法反复灌输的信息（布兰登在 1969 年写道，“心理治疗的首要任务是增强自尊”）。最重要的是，孩子们永远不要觉得他们做什么失败了，即便屈居第二也没

---

1 现在大家都已经知道，提高自尊心并不会提高学术成就。亚裔美国学生在美国所有的种族群体中自信心最低，但成绩最好。总体来说，美国学生在自尊心方面是世界领先的，但他们的分数也是较低一等。在一项对照实验中，接受“增强自尊心”信息的学生表现得比其他学生差。另一项研究发现，反复表扬孩子们有多聪明，反而会让孩子在标准化考试中的得分降低，当被问及答对了多少道题时，这些孩子还开始撒谎。此外，人们已经证实，低自尊会引起反社会行为的基本论断也是错误的。研究员尼古拉斯·埃姆勒（Nicholas Emler）发现，种族主义者和罪犯并不会“暗地里对自己感到不齿”。连环强奸犯的“自尊心相当强”。同时，心理学家报告称，在高自尊的环境中长大的孩子，成年后往往会受到抑郁和焦虑的困扰，自恋的比例也会更高。有关来源，请参见尾注。

关系。因此，学校里奖状“人人有份”已经是众所周知；家长要求老师不要使用红笔，因为“在作业本上看到这么多红色，孩子们会不开心”；还有无处不在的表扬——“干得好！”“你太棒了！”

与此同时，自尊运动也削弱了克制力。研究人员发现，“对自己的看法非常积极的人”更愿意“做蠢事或破坏性的事”，更可能会宁可“让他人付出代价”也要满足自己的欲望。孩子在以培养自尊为首要任务的学校和家庭中成长时，没有人教他们忍受苦难或是在失败面前坚持不懈。他们没有经历过失望，没有遭到过父母的拒绝；他们的父母尽心尽力、精疲力尽地监控着他们的一举一动，不顾一切地想让自己的孩子感到“与众不同”。他们受到鼓励，相信自己有权拥有想要的任何东西，有权想干什么就干什么——得不到的时候，就会感到沮丧。

在美国，对克制力的削弱远远超出了儿童教育的范围，它影响到了生活的方方面面。20 世纪 60 年代是最倡导反压抑，提倡活在当下的 10 年，这 10 年可能起到了一些作用。但更重要的原因还是财富增长。生活舒适的人没有危及生命的急迫理由去克己自律。当你在郊区的大房子里长大，家里有两辆 SUV 时，就很难像在大萧条时期那样生活。克制力的消失和不安全感的减弱，加上可支配收入的增加，其结果就是形成一个越来越及时行乐的社会。

* * *

及时行乐的心态在不断侵蚀着当今的美国社会。我们肯定不是第一个呼吁人们注意的人，但事实足以引起警惕。

1980 年，美国的公共债务约占国民生产总值的 30%（这一比例与 1790 年大致相同）。如今,美国的公共债务几乎达到 17 万亿美元，超过国民生产总值的 100%。基础设施建设是一个国家投资未来能力的具体体现，美国的基础设施曾经令全世界羡慕。如今，美国土木工程师协会给它的评分是 D+，饮用水、有害垃圾处理和运输业全都得了 D。最令人惊讶的是，即使在 20 世纪 80 年代和 90 年代的经济繁荣时期，美国的基础设施投资（占国民生产总值的比例）也下降了。

20 世纪 60 年代美苏争霸所导致的不安全感促使美国在基础科学和尖端技术上保持世界领先。从那以后，美国的研发支出下降了 50% 以上（同样指占国民生产总值的比例）。到 2009 年，美国人在薯片上的消费支出已经超过了政府在能源研发上的支出。

尽管美国的公共债务飙升，但美国的个人储蓄率却从 20 世纪 80 年代初的约 12% 降至 2009 年的 2.5%（相比之下，中国的储蓄率为 38%）。这种下降并不仅仅是 2008 年金融危机的产物，而是稳步发生的。赌博业也飞速发展，从 1962 年到 2000 年，赌博业增长了大约 6000%。在 20 世纪 60 年代仍然是非主流的吸毒行为，如今在事实上已经成了主流文化。最近的研究表明，如今高中生几乎有五分之一在上学期间有喝酒、吸毒或者抽烟行为。

所有这些病症都是为了满足眼前的需求而牺牲未来的例子。这种趋势绝不仅限于穷人。美国的私立高中里，超过半数的学生表示，在他们的学校里有毒品交易、藏毒或吸毒的现象。加州的一项研究发现，在“高消费阶层年轻人”中，吸毒和酗酒的比例更高；住在郊区、家庭年收入平均超过12万美元的青少年“滥用药物的比例……比当今美国其他任何社会经济群体的年轻人都高”。

此外，注重自尊培养的教育方式在富裕的美国家庭中更为普遍。正如硅谷一所预备学校的校长说的那样，“不肯约束孩子是富裕父母的通病”。心理学家发现，美国儿童的自恋现象呈爆炸式增长，富裕家庭中的儿童更是如此。那些所谓的“千禧一代”自认为是天之骄子，会成为“未来的首席执行官”，相信“工作应该围着我转，而不是我围着工作转”，而这种想法在低收入或者少数族裔的年轻人中很少见。这些“千禧一代”是富裕的白人婴儿潮那一代人的子女。

这些孩子长大并进入职场后，他们的这种态度无法得到雇主的认同。咨询师埃里克·切斯特（Eric Chester）对福布斯网站说：“千禧一代并不总想工作。即使他们想工作，他们的条件也并不总与雇主的要求一致。很多时候，年轻的员工上班姗姗来迟，穿着人字拖、休闲裤和T恤衫，T恤上还写着‘本宝宝是个大浑蛋’。即使在上班，他也是坐立不安，只有在手头的事处理得差不多了，拿起手机给朋友发短信或更新脸书页面时，才能安静下来。”

最糟糕的是，这种及时行乐的需求已经蔓延到了我们的政治和经济机构中。

* * *

所有的民主政体都面临着类似的风险，即政客只关注短期利益而不是国家的长期利益。谋求连任的政客必须现在就让选民们满意，未来是别人的问题。从这个意义上说，对于目前国债的增长比例迅猛到不可思议这件事，真正的问题不是为什么会这样，而是早些年为什么没有这样。部分答案在于社会文化氛围，这种文化是否提倡自我约束和责任，是否提倡遵守纪律和投资规范。在 20 世纪 80 年代和 90 年代，美国文化并不提倡这些东西。这样发展下去的危险不可低估。对于政客而言，即使是战争也可以是一种即时满足的方式，但造成的严重后果往往要到始作俑者下台后很久才会出现。

错误的安全感，缺乏克制力，及时行乐——这些因素在 2008 年的金融危机中也起到了推波助澜作用。普通美国人不量入为出，而是在诱人的利率和宽松的信贷政策的刺激下，用自己没有的钱和负担不起的贷款购买价值 50 万美元的房子。银行不遵循传统的信贷方式，而是向几乎所有上门的人提供抵押贷款，轻松获取手续费，并将风险转嫁给他人。信用评级机构不严以律己，而是将高风险的抵押贷款证券评为 AAA 级，从中赚取巨额利润。雷曼兄弟投资银行、贝尔斯登投资银行和其他投资银行不为他们的客户提供长期稳健的投资，而是将这些次级证券打包成极其复杂的证券名目，掩盖真正的风险，自己却不用承担任何长期的成本。他们用这种方法攫取了数十亿美元。正如一位金融从业者后来对这些衍生品的描述："它们可能一天后就爆炸，但对你却一点影响都没有。"

毫无疑问，2008 年的金融危机有很多原因，包括欺诈、腐败、无效的监管以及老派的贪婪。但在某种程度上，这也是一场纯粹的“三要素”文化的危机。其核心是一个泡沫——房地产泡沫。正如罗伯特·希勒和他同为经济学家的同事鲁里埃尔·鲁比尼（Nouriel Roubini）向我们展示的那样，每一次这样的“大起大落”都是由一种具有传染性的“过度乐观”的信念推动的。这种信念就是：繁荣将“永远持续下去”，灾难性的风险永远不会到来。换句话说，人们不是被一种不安全感驱使，而是被一种错误的安全感驱使。正是因为这种错误的安全感，人们为了眼前的利益把克制力抛在了脑后。像希勒和鲁比尼这样的经济学家，早在危机发生的前几年就一直劝说人们要有克制力，要保持不安全感，结果却被公众当成是乌鸦嘴。

为什么美国会如此轻易地陷入 20 世纪 80 年代末的储蓄和信贷泡沫，如此轻易地陷入 20 世纪 90 年代的互联网泡沫，甚至在这两次泡沫破裂后，又在 21 世纪的头十年陷入所有泡沫的源头，这些问题无疑会引发历史学家的长期争论。无须剔除其他因素，其中的部分原因也一目了然：美国已经失去了“三要素”文化，而这一损失已经影响到了整个体制。从借款人到银行家再到对冲基金的亿万富翁，在经济领域的各个层面，人们都没有足够的不安全感，也没有足够的自我克制力。所以，美国没有通过棉花糖实验，并为此付出了代价。

我们将何去何从?

为了从及时行乐的混乱中恢复过来,美国必须重建它的“三要素”文化。然而,在本书里,我们一直强调“三要素”文化的各种阴暗面。因此,如果美国想要重建“三要素”文化,那它必须是一个值得追求的“三要素”文化。为此,我们依次考察“三要素”文化中的三个要素,并以此结束本书。

首先,优越感。这是“三要素”文化的三个特质中没有被美国丢掉的。美国人仍然相信自己与众不同。他们仍然习惯性地公开称自己的国家是“地球上最伟大的国家”——你几乎听不到欧洲人(或其他任何人)说这句话。英国前首相托尼·布莱尔(Tony Blair)曾说,英国“是世界上最伟大的国家”,结果遭到了英国媒体的大加嘲讽。相比之下,当奥巴马试图给美国注射一针现实主义清醒剂,仅仅是委婉地说,他相信美国例外论“正如我质疑英国人相信英国例外论,希腊人相信希腊例外论一样”,就被公众批评为不够坚决和真诚的例外论拥护者。

民族优越感是自信心、凝聚力和情愿自我牺牲的巨大动力来源。它们也是人类历史上最危险的力量之一。纳粹德国就有着异乎寻常的优越感。日本也是如此。

唯一正当的民族优越感是建立在美国宪法提出的平等和开放理念之上的优越感。今天的美国仍然是开放的国家,这是一种值得拥有的优越感。这种优越感是包容的而不是排斥的,是能最有效地抑制而不是助长帝国主义的优越感。

这种优越感不是种族或者宗教群体能够拥有的，因为他们无法向所有背景和信仰的人平等地敞开大门。这样做将失去他们自己的身份。但是,美国并不是一个种族或者宗教群体。它是一个幅员辽阔、族群众多的国家。在这个意义上，美国比那些有“三要素”文化的群体更有优势。美国能够捍卫，也必须捍卫少数族裔和宗教少数派无法捍卫的平等和包容原则。但对美国而言,恰恰是这种平等和包容,会继续吸引具有“三要素”文化的群体来到美国，带来巨大的经济活力。

其次，不安全感。在国家层面上，不安全感在许多方面具有破坏性。首先，它会使国家变得危险，会认为“国家安全”受到威胁，很容易成为镇压公民自由或者基于未经证实的主张发动战争的借口。此外，不管是什么原因让一个国家感到不安全——遭受袭击或者面临经济威胁——都会让国家自身付出代价，有时甚至是可怕的代价。然而，和自尊心理论正好相反，“三要素”文化认为，逆境和自我质疑也可以是好事。

在其历史的大部分时间里，美国一直是个暴发户，一个不被看好的国家。直到冷战末期，美国才无可匹敌地站在了世界之巅。中国无疑拥有“三要素”文化：巨大的优越感，儒家传统的克制力，以及再次向世界证明自己的决心。而生活在 20 世纪八九十年代的美国人需要更多一些不安全感。

因此，“9・11”事件带来的恐怖、随之而来的没有打赢的战争、中国的崛起，甚至是金融危机，所有这一切都带来了一个看似矛盾的有利结果："三要素"文化中的不安全感。但美国人需要的不安全感不是恐惧或者好战。"三要素"文化中的不安全感是一种证明自己的渴望，用一种觉得自己不够好，至少目前还不够好的感觉来冲淡优越感。在历史上，当美国人感到需要证明他们国家的勇气、道德以及战胜严峻挑战的能力时，美国就会取得最伟大的成就。在珍珠港遭偷袭后美国人就是这么做的：当时的美国不仅在本土遭到了袭击，而且刚刚从历史上最严重的经济衰退中恢复回来。无论是好是坏，今天的美国再次拥有了这样的机会。

最后，克制力。从长远来看，克制力可能是"三要素"文化中最重要的要素，因为它为每个人——不论其背景如何——提供了一条通向"三要素"文化的道路。"三要素"文化并非"三要素"文化群体中的成员专属的文化。它不是这些群体的专属财产。你可以通过勇气和决心得到它，但这并不容易。你需要培养努力工作的能力，你需要坚忍不拔，通过战胜逆境获得属于自己的优越感。

这种优越感不是零和博弈[1]；它不是种族或者宗教上的排外思想，你根本不用成为某个群体的一员才能得到它。它是一个人对自己的意志力和成就的自豪感。就像建立在平等基础上的民族优越感一样，这也是一种值得拥有的优越感。

1　零和博弈是博弈论的一个概念，是非合作博弈。参与博弈的双方，在严格竞争下，一方的收益必然意味着另一方的损失，博弈各方的收益和损失相加的总和永远为"零"。零和博弈的结果是一方吃掉另一方，一方的所得正是另一方的所失，整个社会的利益并不会因此而增加一分。——译者注

最高法院大法官索尼娅·索托马约尔（Sonia Sotomayor）出生在纽约南布朗克斯区（South Bronx），父母是波多黎各人，生活艰难。她并没有生在一个“三要素”的文化群体中，自己的家庭也不是一个家教严格、期望值高的“三要素”家庭。索托马约尔在她的精彩自传《我深爱的世界》（*My Beloved World*）中回忆道，她的父亲是个酒鬼，而她母亲“应对的法则就是不回家”。索托马约尔大约从8岁开始忍痛自己给自己注射胰岛素，治疗青少年糖尿病。她写道，尽管“我的童年世界支离破碎”，但“幸运的是”，她有“顽强的毅力”，相信自己可以克服生活中遇到的任何苦难。她在学校里成绩并不总是很好。但在五年级的时候，她“做了一件对一个孩子而言很不寻常的事”，她“决定结识班上一个最聪明的女孩，向她讨教如何学习”。不久，她被老师安排坐在了“专为好学生准备”的那排座位上。又过了几年，她没有采纳指导老师的推荐去就读“教会学校”，而是申请了普林斯顿大学。

我们举这个例子，并不是想说“看，在美国很容易摆脱贫困——索托马约尔就做到了”。相反，索托马约尔的故事恰恰说明，一个人必须出类拔萃，才能克服她所面临的困难和制度的束缚。

像索托马约尔这样具有“三要素”文化的个体与具有“三要素”文化的群体之间的区别就在于，后者中的成员是在家庭和文化的推动下努力工作、奋发向上的。而具有“三要素”文化的个体除了自己，可能没有其他可利用的资源。（就像索托马约尔的例子那样，一个亲戚或导师就能产生巨大的影响。）有时，具有“三要素”文化的个体甚至可能会受到自己所属群体的诋毁和歧视。

很多人已经注意到，当代的黑人城市贫民文化中有一股“反潮流”，他们鄙视勤奋好学，把“拿全优”看成是“装白人”。然而，有趣的是，哈佛大学经济学家罗兰·弗莱尔（Roland Fryer）在 2006 年的一项重要研究中发现，这种现象在全部是黑人的学校里并不存在。但人们很少注意到的是，在美国的富裕阶层中也同样出现了对遵守纪律和勤奋好学的鄙视。

例如，有大量证据表明，美国的数学和科学能力在直线下滑，这将对我们创新能力的领先地位造成严重的冲击。面对这种情况，有一种思潮却很怪异地流行开来：嘿，别担心，美国的解决之道就是少做些事，而不是多做些事。最近一篇关于创新秘诀的文章广为流传，文章的作者恳请美国父母让自己的孩子“少做点事”，上网冲冲浪，“从一个热点转到另一个热点，从一个网站转到另一个网站”，“跟着自己的感觉走”。这篇文章还特地指出：“别忘了，比尔·盖茨和马克·扎克伯格当年为了追随心中的激情，都从大学辍学了。”

这简直是创造力和学习能力的迪士尼卡通版说法（就像迪士尼动画片《风中奇缘》中的宝嘉康蒂“看着她的内心”，突然就能说英语了一样），也是崇尚及时行乐的人的说法。美国孩子每天花在媒体娱乐上的时间已经高达 7 到 8 个小时，看电视的时间也比在学校里的时间多 25%。“少做一点”，“只需追随心中的激情”，这种观点的核心智慧是，除非热爱你做的事情，否则你很难成功。但是为了立论方便，这种观点忘记了真正的成就和真正的创造力——无论是艺术上的、专业技能上的还是商业上的——都需要动力和毅力，它们和灵感一样重要。当被问到上医学院需要哪些素质时，小说家兼医生卡勒德·胡塞尼回答说："自律、耐心和毅力。情愿放弃睡眠……能够挺过信仰和自信的危机。承认精疲力尽是生活中的一部分。"当被问到成为小说家需要具备哪些素质时，他的回答是："同上。"

盖茨和扎克伯格——更不用说史蒂夫·乔布斯了——他们都是同龄人中工作最努力、最有驱动力的人。当然，创造力还需要有质疑和挑战权威的自由，以及充分探索和自由交往的空间。但事实仍然是，除非你掌握了基础知识，愿意投入大量时间，并在生活将你打倒10次后仍然能从地板上爬起来，否则你压根儿发明不出像谷歌、脸书或苹果iPod这样的东西。

下一个弦理论可能是某个人在沙滩上散步时想到的，但可以肯定的是，那个人一定很了解量子物理学，而且多年来一直在殚精竭虑地研究他恨不得扔出窗外的方程式。（绘画大师毕加索和蒙德里安在发明出人们前所未见的绘画形式之前，都是绘画技法的大师。）突破性的创新和企业家精神真正需要的正是"三要素"文化提供的阶梯。1995年，杰夫·贝佐斯在"身无分文"的情况下创立了亚马逊网站。他向自己以及风险投资者承诺，至少在5年内，他将把挣到的每一分钱都投回到公司里。他信守承诺，结果众所周知。所以，亚马逊一键购物理念的诞生依靠的正是一种完美的克制力。

上面这一切都没有说，"三要素"文化会让你快乐。事实上，如果成功人士经常既有优越感又觉得不满足，那么成功某种程度上必然意味着要和幸福之间做出权衡。感到自己不够好是很痛苦的。但是，如果你的生活中没有奋斗得来的成功和克服困难才取得的胜利，那你的生活恐怕也不会令人满意。几乎所有的难事，在你克服困难出色地完成后，都会感到一种深深的满足感，甚至让人兴奋的战栗。把自己推到一个新高度，或者进入一个新领域，都会让你感到喜悦和自豪。

只关注当下的生活——只关注现在的感觉好不好——并不能让人真正满意。当下这个时刻太短暂，太空洞。我们都需要一个未来，一件比我们当前的满足更高、更大的事，一个为之奋斗的目标，或者一个努力的方向。奥地利心理学家（也是大屠杀幸存者）维克多·弗兰克尔（Victor Frankl）写道，幸福“是可遇不可求的；它只会伴随着某些东西款款而来……是一个人致力于超越自己的事业时所产生的意想不到的副作用”。“三要素”文化并没有承诺有意义的生活，但为过上这样的生活提供了可能性。因为它让人们抓住了时间的缰绳——不仅活在当下，也活在未来。全身心地投入，不论大小，去改变自己或改变世界。

到最后，“三要素”文化成为能力的来源，既可以用来为自己牟利，也可以用来帮助别人。具有“三要素”文化的个体并不能保证获得什么，而且他们还冒着受到病态特征影响的风险，但他们却有能力改变自己和他人的生活。

* * *

毫无疑问，呼吁美国重新建立它的“三要素”文化也产生了一个悖论。如果美国的“三要素”文化的优越感是建立在宽容、机会以及平等之上的，那么，国家层面的“三要素”文化的成功将永远与具有“三要素”的文化群体的成功相矛盾。在某种程度上，每一个“三要素”文化群体的优越感在本质上都是不宽容的。因此，美国的“三要素”文化会和它的“三要素”文化群体的优越感产生冲突，并有可能削弱他们的优越感。但讽刺的是，这种冲突将确保美国的“三要素”文化群体在某种程度上仍然是文化上的外来者——至少对第一代或者第二代移民来说是这样,这会反过来帮助他们的“三要素”文化（通过他们得到的不安全感），推动他们成功。

然而，从长远来看，美国在国家层面上的“三要素”文化对于这些沙文主义[1]群体来说过于强大，会把他们都吞噬掉。美国的“三要素”文化真正的承诺是：将来有一天，在美国不再有任何成功的群体，只有成功的个人。

1 沙文主义原指极端的、不合理的、过分的爱国主义。如今的含义也囊括其他领域，主要指盲目热爱自己所处的群体，并经常对其他群体怀有恶意与仇恨。——译者注

致谢

我们的父母蔡少棠（Leon O. Chua）和戴安娜·蔡（Diana Chua）夫妇，席·鲁本菲尔德（Sy Rubenfeld）和弗洛伦斯·鲁本菲尔德（Florence Rubenfeld）夫妇，正是本书的灵感来源。

由衷感谢我们的朋友、家人、同事布鲁斯·阿克曼（Bruce Ackerman），苏珊·罗斯-阿克曼（Susan Rose-Ackerman）、托尼·克龙曼（Tony Kronman）、南希·格林伯格（Nancy Greenberg）、亨利·汉斯曼（Henry Hansmann）、玛丽娜·桑蒂利（Marina Santilli）、丹尼尔·马可维兹（Daniel Markovits）、莎拉·比尔斯顿（Sarah Bilston）、伊恩·艾尔斯（Ian Ayres）、珍妮弗·布朗（Jennifer Brown）、约翰·莫理（John Morley）、艾琳·莫理（Erin Morley）、大卫·格鲁瓦

尔（David Grewal）、乔丹·斯莫勒（Jordan Smoller）、亚历克西斯·康坦（Alexis Cantant）、西尔维亚·奥斯特（Sylvia Austerer）、米歇尔·蔡（Michelle Chua）、维克多·鲁本菲尔德（Viktor Rubenfeld）和凯特琳·蔡（Katrin Chua），所有这些人为本书的草稿提出了中肯、精彩的评论。我们还与以下诸位进行了交流，并从谈话中受益匪浅，他们是：伊丽莎白·亚历山大（Elizabeth Alexander）、苏珊·伯克－菲德勒（Susan Birke-Fiedler）、詹姆斯·邦迪（James Bundy）、亚当·科恩（Adam Cohen）、安妮·戴利（Anne Dailey）、史蒂夫·艾克尔（Steve Ecker）、保罗·菲德勒（Paul Fiedler）、李瑾（Jin Li）和安妮·托夫勒（Anne Tofflemire）。特别感谢以下诸位，他们对本书的特定章节进行了详细的评论：阿德莫拉·阿德维尔－萨迪克（Ademola adewald-Sadik）、纳比哈·赛义德（Nabiha Syed）、哈尔·博伊德（Hal Boyd）、达马里斯·沃克（Damaris Walker）、汤姆·丹嫩鲍姆（Tom Dannenbaum）和凯亚·丹嫩鲍姆（Keya Dannenbaum）、罗尔斯一家（Rawls）和斯威特一家（Swett）。

本书中的部分关键思想最早在2008年主题为“法律和繁荣”（Law and Prosperity）的耶鲁法学研讨会期间萌生，感谢以下在本书的成形阶段提供真知灼见的杰出学生：利吉亚·阿布雷乌（Ligia Abreu）、邵·阿宁（Yaw Anim）、莫妮卡·贝尔（Monica Bell）、布雷奇·科尔比（Bridge Colby），杰奎琳·伊赛（Jacqueline Esai）、罗南·法罗（Ronan Farrow）、乔恩·菲纳（Jon Finer）、吉姆·利滕伯格（Jim Ligtenberg）、帕特里夏·沐恩（Patricia Moon）、尼克·皮亚提（Nick Pyati）、阿米莉亚·罗尔斯（Amelia Rawls）、本·泰布森（Ben

Taibleson）、丽娜·泰特鲍姆（Lina Tetelbaum）、纳塔利娅·沃洛辛（Natalia Volosin）、吴申义（Shenyi Wu）和大卫·周（David Zhou）。我们还要对不屈不挠的杰弗里·李（Jeffrey Lee）由衷地表示感谢，是他把我们从难以形容的尴尬中拯救了出来。

如果离开了一群出色的研究助理，我们不可能写出本书。在此，我们特别想感谢以下诸位，他们每个人都为本书奉献了几十小时，有的甚至是数百小时的宝贵时间：哈雷·爱泼斯坦（Halley Epstein）、黄添（Tian Huang）、丽贝卡·雅各布斯（Rebecca Jacobs）、克里斯汀·曾（Christine Tsang）、约大拿·康菲诺（Jordana Confino）、斯蒂芬妮·李（Stephanie Lee）、艾达·阿拉亚·布鲁姆斯金（Ida Araya Brumskine）、伯特·马（Bert Ma）、陶富（Rich Tao）和孟嘉阳（Meng Jia Yang）。还有这些人的大力协助：山姆·阿德尔斯伯格（Sam Adelsberg）、凯西·阿诺德（Casey Arnold）、贾斯汀·罗（Justin Lo）、雷纳·奥莱里（Renagh O'Leary）、维迪雅·萨奇特（Vidya Satchit）、苏婉玲（Wanling Su）、阿维·萨顿（Avi Sutton）、J. D. 万斯（J. D. Vance）、瑞安·沃泽尔（Ryan Watzel）、艾琳·泽勒克（Eileen Zelek）。此外，下列学生还对某些章节提供了关键的协助：贾斯梅特·阿胡亚（Jasmeet Ahuja）、巴雷特·安德森（Barrett Anderson）、马特·安德鲁斯（Matt Andrews）、阿里拉·安哈尔特（Ariela Anhalt）、约瑟夫·安索格（Josef Ansorge）、娜娜·阿卡·安特维-安索格（Nana Akua Antwi-Ansorge）、阿玛·巴克西（Amar Bakshi）、雷切尔·巴耶夫斯基（Rachel Bayefsky）、梅根·布劳德（Megan

Browder）、沃克·布拉姆斯基（Walker Brumskine）、克里斯汀·巴扎德（Christine Buzzard）、凯瑟琳·切里（Kathryn Cherry）、西莉亚·乔伊（Celia Choy）、查理·达姆龙（Charlie Dameron）、比奇·戴维（Bichy David）、瑞秋·邓普西（Rachel Dempsey）、阿利·埃德勒比（Alley Edlebi）、詹姆斯·艾默斯（James Eimers）、阿迪蒂·埃莱斯瓦拉普（Aditi Eleswarapu）、亚瑟·埃文奇克（Arthur Ewenczyk）、阿黛尔·福尔（Adele Faure）、大卫·费尔顿（David Felton）、詹姆斯·弗林（James Flynn）、优素福·加比（Yousef Gharbieh）、达娜·斯特恩·吉伯（Dana Stern Gibber）、诺亚·格林菲尔德（Noah Greenfield）、娜塔莉·豪斯克内希特（Natalie Hausknecht）、斯蒂芬妮·海斯（Stephanie Hays）、丹尼尔·赫兹-罗伊夫（Daniel Herz-Roiphe）、玛雅·霍迪斯（Maya Hodis）、简·江（Jane Jiang）、罗拉·约翰斯（Lora Johns）、汤森·约翰逊（Tassity Johnson）、内森·哈克（Nathan Hake）、黛安·凯恩（Diane Kane）、杰西·卡普兰（Jesse Kaplan）、山姆·克莱纳（Sam Kleiner）、罗伯特·克利珀（Robert Klipper）、哈里森·科恩（Harrison Korn）、菲利普·科塔拉巴（Philipp Kotlaba）、道格·列布（Doug Lieb）、林明毅（Ming-Yee Lin）、德莫特·林奇（Dermot Lynch）、莎拉·玛根（Sarah Magen）、尼克·麦克莱恩（Nick McLean）、珍妮弗·麦克蒂尔南（Jennifer McTiernan）、戴利娅·米尼奥纳（Dahlia Mignouna）、亚尼克·摩根（Yannick Morgan）、艾丽卡·纽兰（Erica Newland）、卢克·诺里斯（Luke Norris）、艾琳·诺兰（Aileen Nowlan）、伊凡尼·维克多·奥朱克乌（Ifeanyi Victor Ojukwu）、乔

纳森·罗斯-哈灵顿（Jonathan Ross-Harrington）、艾米丽·斯科菲尔德（Emily Schofield）、康拉德·斯科特（Conrad Scott）、瑞玛·沙阿（Reema Shah）、索鹏·沙阿（Sopen Shah）、洛克兰·谢菲尔（Lochlan Shelfer）、詹姆斯·施（James Shih）、乔恩·西格尔（Jon Siegel）、马修·斯派（Matthew Sipe）、亚历克斯·陶伯斯（Alex Taubes）、凯特琳·塔利（Caitlin Tully）、查斯·泰勒（Chas Tyler）、安娜·温尼克（Anna Vinnik）、约翰·魏（John Wei）、露西·杨（Luci Yang）、贾斯汀·扎莱姆比（Justin Zaremby）和本·茨威法赫（Ben Zweifach）。

感谢迈克尔·凡德海顿（Michael Vander Heijden），尤其是耶鲁大学法学院图书馆的萨拉·克劳斯（Sarah Kraus），他们的活力和足智多谋令我们敬畏，我们对这二位由衷钦佩和感激。我们还要感谢帕特里夏·斯皮格哈特（Patricia Spiegelhalter）、凯伦·威廉姆斯（Karen Williams）和罗珊娜·贡西夫斯基（Rosanna Gonsiewski），为我们提供了帮助和支持。

向索菲亚·蔡-鲁本菲尔德（Sophia Chua-Rubenfeld）和路易莎·蔡-鲁本菲尔德（Louisa Chua-Rubenfeld）送去我们的爱和感谢，感谢她们的耐心、洞察力，以及有时措辞严厉的评论。

最后，我们还要感谢出色的经纪人蒂娜·贝内特（Tina Bennett）和苏珊娜·格鲁克（Suzanne Gluck），感谢本·普拉特（Ben Platt）、萨拉·哈特森（Sarah Hutson）以及企鹅出版社（Penguin）的整个团队。最重要的是感谢我们才华横溢的编辑安·格多夫（Ann Godoff），她比任何人都更理解我们在本书中想要表达的思想。

尾注

第二章：什么样的人取得了成功？

第 36 页 300 多个定义：约翰·R. 鲍德温（John R. Baldwin）等编《重新定义文化：跨学科视角》（*Redefining Culture: Perspectives Across Disciplines*），劳伦斯·埃尔鲍姆出版社，2006 年，第 139~226 页；

参见 A.L. 克罗伯（A. L. Kroeber）、克莱德·克拉克亨（Clyde Kluckhohn）：《文化：概念和定义的批判性回顾》（*Culture: A Critical Review of Concepts and Definitions*），古典书局，1952 年。

许多学者会单独根据精神状态来定义文化，这一观点受到美国考古学家沃尔特·泰勒（Walter Taylor）的影响，他写道："文化是由思想组成的……（它）是一种精神现象……而非物质对象或可观察的行为。"沃尔特·R. 泰勒：《考古学研究》（*A Study of Archeology*），美国人类学协会，1948 年，第 98~110 页。这种观念实际上在泰勒之前就已经存在，直到今天仍然具有很大的影响力，参见阿尔伯特·布卢门撒尔（Albert Blumenthal）：《文化的思想构成》（*Culture Consists of Ideas*），玛丽埃塔学院出版社（Marietta College Press），1937 年。例如，参见塞缪尔·P. 亨廷顿：《序言：文化的重要性》，收录于劳伦斯·E. 哈里森、塞缪尔·P. 亨廷顿：《文化的重要性：价值观如何影响人类进步》，基本图书出版社，2000 年，第 xv 页（"我们将文化单纯、主观地定义为社会中人们普遍存在的价值观、态度、信仰、取向和基本假设"）；丹·斯珀伯（Dan Sperber）：《自然主义方法解释文化》（*Explaining Culture: A Naturalistic Approach*），布莱克威尔出版社（Blackwell Publishers），1996 年，第 1 页（"文化首先是由具有感染力的思想构成的"）。

这种观点的问题就在于它遗漏了哪些内容。食物并不是一种思想、态度或信仰，但大多数人都认为，人们吃什么（寿司、沙拉还是三明治）、怎么吃（用手、叉还是筷子）、吃多少，都是他们文化的一部分。服装也不是一种“精神现象”，但一个人是穿纱丽还是穿坎肩肯定具有重要的文化意义。简而言之，文化不仅要包括人们的思想，还要包括他们的行为。参见罗伊·安德拉德（Roy G. D' Andrade），“文化的意义系统”，收录于理查德·史威德（Richard Schweder）、罗伯特·艾伦·勒文（Robert Alan LeVine）合编《文化理论：论思想、自我与教育》（*Culture Theory: Essays on Mind, Self, and Education*），剑桥大学出版社，1984 年，第 88、90、96、115 页（书中批判了这一观点：文化由“知识和符号”“知识和信仰”或“概念结构”，而不是“习惯和行为”组成）。

也许正因为如此，一些人类学家，比如克利福德·吉尔茨（Clifford Geertz），选择了一种“粗放”的定义，把文化定义为“一个社会的全部生活方式，包括价值观、惯例、象征、制度和人际关系”。亨廷顿的《序言》，第 xv 页。但正如亨廷顿所指出的，这种定义方法过于包容——一切都变成了文化。美国国会当然是一个“机构”。但它是文化吗？

社会学家塔尔科特·帕森斯（Talcott Parsons）将人类的所有行为划分为四个层次分明的“系统”：行为有机体系统、人格系统、社会系统和文化系统。第一是生物学领域；第二是心理学；第三（包括机构）是社会学；第四是人类学。例如，参见塔尔科特·帕森斯：《制度与社会进化》（*On Institutions and Social Evolution*），里昂·梅休（Leon Mayhew）编，芝加哥大学出版社，1985 年，第 157~158 页；塔尔科特·帕森斯：《社会系统与行动理论的演变》（*Social Systems and the Evolution of Action Theory*），自由出版社（Free Press），1977 年，第 86 页。帕森斯的分类方法可能有助于将不同的专业领域分配给不同的学术领域，但在现实生活中，心理学、机构和文化并不是封闭的；它们不断地相互融合，并共同对彼此产生决定作用。

正是这个原因，我们在这本书中并没有试图去给文化下定义；有些我们视为文化的东西也可以很容易地描述为心理或社会层面的东西。一般来说，根据奥兰多·帕特森（Orlando Patterson）的启示，我们把一切表达了某个群体的自我意识和群体生活方式的事物——艺术品或商品，行为或态度——都包括进了文化中。参见奥兰多·帕特森：《重视文化：框架表述和一个非裔美国人的例证》，收录于哈里森、亨廷顿：《文化的重要性》，第202、208页。从这个角度来看，文化是用来尝试回答人类某些基本问题的各种努力的集合。父母将这些问题的答案传授给他们的孩子，学校这么做，电视也这么做。也正因为如此，家庭、教育和电视都具有如此强烈的文化色彩（除此之外，还有很多也是这样）。

对这本书而言特别重要的是，文化借由时间来引导和鼓励人们，例如，鼓励人们崇敬过去、活在当下，或引导人们走向未来。各个流派的作家都认识到了这一现象，并对此进行了阐述。例如，韦伯《新教伦理与资本主义精神》就是这种阐述的一个例子；第二个例子是米兰·昆德拉的小说《慢》（*Slowness*）；第三个例子是组织人类学家吉尔特·霍夫斯泰德（Geert Hofstede）的“长期取向”（long-term orientation）概念，据说可以通过经验检验，而且在不同国家之间也有所不同。参见吉特·霍夫斯泰德：《文化的后果：比较各国的价值观、行为、制度和组织》（第二版，*Culture's Consequences: Comparing Values, Behaviors, Institutions, and Organizations Across Nations*），加利福尼亚州千橡市、伦敦、新德里：塞奇出版社（Sage Publications），2001年，第351~372页。我们会看到，这些时间取向会对个人和群体的经济结果产生巨大的影响。

第三章：优越感

第71页 阿德勒……就产生了“优越感”：阿尔弗雷德·阿德勒（Alfred Adler）：《生活的科学》（*The Science of Living*），花园城出版社（Garden City Publishing），1929年，第79页（“如果我们进一步探究优越感情节……我们总能或多或少地发现一种隐藏的自卑感”）、第97页（“优越感是有自卑感的人用来逃避困难的方法之一”）。

第71页 发明了这个术语：阿德勒显然在1925年或1926年首次使用了“自卑情结”和“优越感情结”这两个术语。参见亨氏·L.安斯巴赫（Heinz L. Ansbacher）、罗娜·R.安斯巴赫（Rowena R.Ansbacher）合编《阿尔弗雷德·阿德勒的个体心理学》（*The Individual Psychology of Alfred Adler*），哈珀隆出版社（Harper & Row），1964 年，第 256 页。但是这两个术语实际上在 1922 年就已经在使用了。例如，参见《呼吁我们的女性优越感：法国哲学家宣称美国人“将走得更远”》，《纽约时报》，1922 年 1 月 30 日（“在欧洲，弗洛伊德宣称女性受到自卑情结的束缚……但在这里肯定不是这样。她们有我所说的优越感”）。

第四章：不安全感

第 115 页 一些来自印度东部的移民： 拉马斯瓦米·玛哈林加姆、切里·菲利普（Cheri Philip）、桑达里·巴兰（Sundari Balan）：《文化心理学与边缘化：对印度移民的探索性研究》，收录于拉马斯瓦米·玛哈林加姆编写《移民的文化心理学》，劳伦斯·埃尔鲍姆出版社，2006 年，第 151、152 页。

第 115 页 第一个重要的印度人社区是由……锡克教徒建立的： 马达利卡·S. 坎德尔瓦尔（Madhulika S. Khandelwal）：《成为美国人，成为印度人：纽约的移民群体》（*Becoming American, Being Indian: An Immigrant Community in New York City*），康奈尔大学出版社（Cornell University Press），2002 年，第 9~10 页。

第 115 页 1965 年后的第一波印度移民潮： 同前，第 6 页；班达纳·普尔卡亚斯塔：《谈判民族：第二代南亚裔美国人穿越一个跨国世界》，罗格斯大学出版社，2005 年，第 15~16 页。

第 115 页 截至 1975 年，93% 的印度移民： 阿帕娜·拉亚普罗（Aparna Rayaprol）：《协商身份：印度侨民中的妇女》（*Negotiating Identities: Women in the Indian Diaspora*），牛津大学出版社，1997 年，第 15 页。

第 115 页 1990 年以后： 坎德尔瓦尔：《成为美国人，成为印度人》，第 6 页；苏奈纳·马尔·玛丽亚（Sunaina Marr Maira）：《德西在众议院：印度的美国青年文化在纽约》（*Desis in the House: Indian American Youth Culture in New York City*），天普大学出版社，2002年，第 10 页〔“在 1989 年，85% 的印度移民是以‘家庭团聚’的名义进入美国的，只有 1% 的人持有工作签证（比 1969 年的 18% 要低）”］。

第 115 页 高达 87% 的成年人：皮尤研究中心：《亚裔美国人的崛起》（更新版），皮尤研究中心，2013 年 4 月 4 日，第 44 页。

第五章：克制力

第 152 页 最近大众媒体上广泛报道的一项研究：金秀泳（Su Yeong Kim）等编《“虎妈式教育”真的存在吗？华裔美国人的父母教育概况与青少年发展成果》，《亚裔美国人心理学杂志》（*Asian American Journal of Psychology*），第 4 卷第 1 期（2013），第 7~18 页。这项研究的作者们承认：“有可能，如果那些在当前研究中被认为鼓励型的父母被囊括进欧美裔家庭的样本中，这些原本是鼓励型的父母就会被认定成不是鼓励型的父母了。”同前，第 16 页。

第 152 页 严厉的家庭教育……“并不常见”，而“鼓励式”教育是常态：例如，参见林赛·艾布拉姆斯（Lindsay Abrams）：《蜂后育儿指南》，《大西洋月刊》（*The Atlantic*），2013 年 4 月；苏姗·亚当斯（Susan Adams）：《最新研究表明，虎妈并不会培养出优秀的孩子》，《福布斯》，2013 年 5 月 8 日，http://www.forbes.com/sites/susanadams/2013/05/08 /tiger–momsdon–raisesuperior–kid–says–new–study。

同样的研究进一步表明“虎妈式教育并不起作用”——“鼓励型”父母的孩子学习成绩更好，适应问题更少。例如，参见亚当斯，《虎妈》，但是，这项研究的研究方法再一次让我们很难得出结论。因为研究只针对华裔美国家庭，那些被归类为“鼓励型”的父母（并发现他们的子女有更好的成果）很可能只是相对于美国规范是鼓励型而已，他们仍然有非常严格的家教——严明的家庭纪律、高期望、较少关心通过赞美提高自尊等。这项研究的首席作者金秀泳在一次采访中承认，在实际研究中，那些被归类为“鼓励型”的华裔父母所从事的行为，可能是大多数美国白人家庭中“鼓励型”父母不会做（可能也不考虑会鼓励）的：例如，让孩子感到“羞耻”，强调“孝顺的义务”，让孩子觉得成功是维护家族“荣誉”的必要行为，不断提醒他们父母做出的牺牲。金秀泳还说，这“可能是这些孩子在学校表现良好的关键”。杰夫·杨（Jeff Yang）：《虎宝宝的反扑》，《华尔街日报》，2013年5月14日，http://blogs.wsj.com/speakeasy/2013/05/14/Tiger-Babies-Bite-Back。

此外，尽管有媒体报道，但金秀泳的论文实际上并没有声称“鼓励型”教育在她的研究对象中产生了更好的学术和心理结果，或者严厉的教育导致了更坏的结果。这项研究并没有测量因果关系的方法，而且只是小心地用“关联”二字而非因果关系来陈述他们的研究发现。金秀泳等，《“虎妈式教育”真的存在吗？》，第7、10、12~13页。换句话说，真正的因果关系可能与媒体报道的内容相反：参与研究的父母可能会因为孩子的成绩下降或因为孩子开始出现有问题的行为，而采取更严厉的惩罚措施。

第六章：爬上去之后，扔掉梯子

第179页 亚裔美国人的自杀率：尾注中的所有数据来自美国疾病控制与预防中心（the Centers for Disease Control and Prevention），网页统计查询和报告系统（WISQARS），致命伤害报告，国家和地区，1999年—2010年（伤害方式：自杀）（年份：2000年—2010年）（年龄调整率），http://webappa.cdc.gov/sasweb/ncipc/mortrate10_us.html。仅看2010年（这是可获得的最新数据）可知，亚裔美国人（每10万人中有6.2人自杀）和白人美国人（每10万人中有13.6人自杀）的自杀率略高。广泛报道称，“15~24岁的亚裔美国女性的自杀率在该年龄段所有种族或族裔群体中都是最高的”。例如，参见伊丽莎白·科恩（Elizabeth Cohen）：《逼着去成功与亚裔美国女性自杀有关系》，CNN，2007年5月16日，http://www.cnn.com/2007/HEALTH/05/16/asian.suicides/index.html。根据疾控中心的数据显示，这并不是真的，报告所发表的2007年显示的数据同样说明这不是真的。参见美国心理协会：《亚裔美国人的自杀行为》，http://www.apa.org/pi/oema/resources/ethnicity-health/asian-american/suicide.aspx〔称“年轻的亚裔美国女性（15~24岁）在所有种族/民族群体中自杀率最高”只是一个“神话”〕。在美国出生的亚裔美国女性的自杀意念和企图自杀的比率可能比一般美国妇女要高，参见艾琳·阿方索·杜杜劳（Aileen Alfonso Duldulao）等：《亚裔美国人自杀行为的相关性》，《自杀研究档案》（Archives of Suicide Research），第13卷第3期（2009），第277~290页，但这一发现似乎并不适用于所有亚裔美国女性。参见珍妮丝·嘉妍·郑（Janice Ka Yan Cheng）等：《亚裔美国人的终生自杀意念与自杀企图》，《亚裔美国人心理学杂志》，第1卷第1期（2010），第18~30页；M.梅赛德斯·佩雷斯－罗德里格斯（M. Mercedes Perez-Rodriguez）等：《自杀意念和企图的种族差异》，《初级精神病学》（*Primary Psychiatry*），第15卷第2期（2008），第44~53页，表1。

第七章：智商、体制以及向上的流动性

第230页 平均智商在108到115之间：参见史蒂文·平克：《德系犹太人的教训：群体和基因》，《新共和杂志》，2006年6月26日。

第230页 美国人的平均智商为100：在大多数智商研究中，美国人的平均智商数字都是100。参见詹姆斯·R.弗林、劳伦斯·G.魏斯（Lawrence G. Weiss）：《从1932年到2002年的美国人智商数据：WISC子测试与教育进步》，《国际测试期刊》（*International Journal of Testing*），第7卷第2页（2007），第210页。

第230页 理论认为……“根本做不了的”工作才能生存：格雷戈里·科克伦（Gregory Cochran）、贾森·哈代（Jason Hardy）、亨利·哈彭丁（Henry Harpending）：《德系智慧的自然史》，《生物社会科学期刊》（*Journal of Biosocial Science*），第38期（2006），第659、662~665、674~679页。

第230页“这是糟糕的遗传学”……“扯淡”：詹妮弗·西尼尔（Jennifer Senior）：《犹太人更聪明吗？》，《纽约杂志》，2005年10月24日〔引述哈里·奥斯特利（Harry Ostrer）和桑德·吉尔曼（Sander Gilman）的话〕。关于建立在科克伦、哈代、哈彭丁论点之上的工作，例如参见，汉娜·大卫（Hanna David）和理查德·林恩：《欧洲和东方的以色列犹太人的智力差异》，《生物社会科学期刊》，第39期（2007），第465~473页。

第八章：我们是如何丢弃不安全感和克制力的

第 253 页 亚裔美国学生：道格拉斯 · S. 梅西等合编《河流的源头：美国名牌大学新生的社会起源》，普林斯顿大学出版社，2003 年，第 120~121 页。

第 253 页 在自尊心方面是世界领先的……分数也是较低一等：例如，参见，汤姆 · 洛夫莱斯（Tom Loveless）：《2006 年布朗中心关于美国教育的报告：美国学生学习情况如何》（*The 2006 Brown Center Report on American Education: How Well Are American Students Learning*），布鲁金斯学会（Brookings Institution），2006 年，第 13~20 页。

第 253 页 对照实验：参见唐纳森 · R. 福赛斯（Donelson R. Forsyth）、娜塔莉 · K. 劳伦斯（Natalie K. Lawrence）、让内 · L. 伯内特（Jeni L. Burnette）、罗伊 · F. 鲍迈斯特（Roy F. Baumeister）：《试图通过增强自尊来提高大学差生的学习成绩：适得其反的干预》，《社会与临床心理学期刊》（*Journal of Social and Clinical Psychology*），第 26 期（2007），第 447~459 页；亦见鲍迈斯特、蒂尔尼，《意志力》，第 190~191 页。

第 253 页 另一项研究：卡罗尔 · 德韦克：《终身成长：重新定义成功的思维模式》，兰登书屋出版社，2006 年，第 71~73 页。

第 253 页 “暗地里对自己感到不齿”：劳伦 · 斯莱特（Lauren Slater）：《自尊的烦恼》，《纽约时报》，2002 年 2 月 3 日〔引述尼古拉斯 · 埃姆勒（Nicholas Emler）的话〕。

第 253 页 连环强奸犯：鲍迈斯特、蒂尔尼，《意志力》，第 191 页；参见贝特西 · 哈特（Betsy Hart）：《父母的责任：轻言软语的父母教育文化如何伤害了我们的孩子》（*It Takes a Parent: How the Culture of Pushover Parenting Is Hurting Our Kids*），企鹅出版社，2005 年，第 93 页。

第 253 页 抑郁和焦虑的……自恋的比例：戈特利布，《如何让你的孩子接受治疗》。